최강소비권력
Z세대가 온다

최강소비권력
Z세대가 온다

제프 프롬 & 앤지 리드 지음 | **임가영** 옮김

홍익출판사

Z세대

일반적으로 1995년 이후 태어난 세대를 가리키지만, 정확한 연령대에 대한 의견은 조금씩 다르다. 미국에서는 대체로 1990년 이후 태어난 세대를 가리킨다. '디지털 원주민digital natives'이라 불리는 이들은 다양한 디지털 기기를 사용하며 자기 의견을 당당하게 표현하고 타인과 자연스럽게 소통한다.

인플루언서Influencer

'타인에게 영향력을 끼치는 사람'이라는 뜻으로, 인스타그램이나 유튜브 등 각각의 SNS 채널 별로 엄청난 수의 팔로워를 보유하고 트렌드를 선도한다. 이들은 연예인처럼 유명하거나 뛰어난 외모와 퍼포먼스로 인기를 끌지 않으면서도 일반인들에게 막대한 영향력을 끼친다. 이들을 활용한 마케팅을 '인플루언서 마케팅'이라고 한다. 오늘을 사는 Z세대들은 그 누구보다도 인플루언서에게 민감하게 반응한다.

| Contents |

1장 | Z세대는 누구인가?

2장 | 날 때부터 모바일·소셜세대

3장 | 새로운 커뮤니케이션 규칙

4장 | Z세대의 막강한 영향력

지금도 미국의 대다수 기업들은 Z세대를 '너무 어리기에 그다지 중요하지 않은 세대'라고 보는 경향이 있다. 하지만 데어리 퀸 Dairy Queen, 미국의 소프트 아이스크림 및 패스트푸드 체인점-역자 주의 CEO로서, 나는 이 어린 소비자들이 가지고 있는 막강한 영향력을 오래전부터 목격해왔다. 그들이 시장에서 발휘하는 재정적, 문화적, 기술적, 경제적 영향력은 앞으로도 더욱 커질 것이다.

데어리 퀸을 찾는 소비자들은 단순한 소비자가 아닌 팬을 자처한다. 따라서 77년의 역사를 자랑하는 데어리 퀸에게 미래의 팬들을 이해하고, 이들과 감정적 유대관계를 형성해나가는 일만큼 중요한 것은 없다. 그 과정에서 우리는 종종 브랜드 전략, 제품 가격, 심지어 마케팅 전략까지 수정해야 하는 상황을 경험해왔는데, 모두 Z세대를 비롯한 젊은 층에게 어필할 수 있는 방법을 찾기 위해서였다.

그렇기에 나는 시장 변화에 성공적으로 적응하고 싶은 사람들에게 Z세대가 누구인지, 이들이 브랜드를 어떻게 활용하는지, 어떻게 해야 이들을 평생 팬으로 붙잡아둘 수 있을지를 이해하는 일이 무엇보다 중요하다고 말하고 싶다.

한때 1979년부터 1995년 사이에 태어난 밀레니엄세대가 우리의 미래이며, 이들이 얼마나 중요한 세대인지 모두들 떠들썩하게 주장하던 시절이 있었다. 물론 그때는 그게 사실이었다. 하지만 이제 밀레니엄세대가 부모가 되고 그들의 자리를 Z세대가 차지하면서, 새롭게 주목받게 된 이 세대를 사로잡는 일이 오늘날 많은 브랜드에게 성공의 열쇠로 작용하게 되었다. 물론 우리 데어리 퀸도 예외는 아니다.

과거 밀레니엄세대를 위해 마련했던 전략을 Z세대에게 똑같이 적용하는 단순한 접근법은 이제 통하지 않는다. 이 책을 몇 페이지만 넘겨봐도 금세 알겠지만, Z세대는 밀레니엄세대와 근본적으로 다르다. 이 젊은이들은 철저한 실용주의자들로, 어머니의 자궁을 떠난 이래로 줄곧 모바일 기술로 둘러싸인 세상에서 살아왔다.

지금 자신이 지닌 능력뿐만 아니라 앞으로 얻게 될 능력에 대해서도 이미 잘 알고 있는 이들은 멀티태스킹에 능하고, 진보주의자를 자처하며, 분명한 목적에 따라 움직인다.

가족들과 함께 외출한 자리에서도 휴대폰 안으로 빨려 들어갈 듯이 몰입한 채 끊임없이 뭔가를 타이핑하는 이들을 언제 어디서든 목격할 수 있을 것이다. 아니면 학교를 마치고 아르바이트를 하러 가거나, 방과 후 활동을 하러 가는 이들을 만날 수 있고, 콘서트장에서 춤을 추며 자신의 SNS에 올릴 동영상을 촬영하는 젊은이들을 볼 수도 있다.

이 세대는 스스로를 표현하면서 하고 싶은 일에 전념하고, 상황을 빠르게 판단하며, 얻고자 하는 것이 있으면 최선을 다해 쟁취하는 세대다. 기성세대가 이들의 손에 미래가 달려 있다고 막연하게 생각하는 동안에, 이 젊은이들은 이미 우리의 현재에 막대한 영향력을 행사하고 있다.

이 책은 Z세대가 중요시하는 가치, 그들의 성장 환경, 신념에 대한 설명을 통해 마케터들에게 수수께끼 같던, 그리고 여전히 상당 부분 수수께끼로 남아 있는 Z세대의 진면목을 보여준다. 세계시장을 변화시킬 운명을 타고난 그들을 이해하고 싶은 모든 마케터들을 위한 알기 쉬우면서도 유용한 자료들로 가득한 책이다.

데어리 퀸 회장 겸 CEO
존 가이너 John Gainor

Z세대 일상으로
들어가기

미주리 주 캔자스시티에 살고 있는 케이트 잭슨은 올해 17세로, 레스토랑에서 설거지와 홀을 정리하는 아르바이트를 한다. 일을 마치고 집으로 돌아가는 길에 숙제를 하면서 먹을 간식거리를 사기 위해 평소에 즐겨 찾는 멕시칸 레스토랑 치폴레에 들른다.

캔자스시티의 유서 깊은 고등학교인 링컨 칼리지 프렙 아카데미 졸업반인 케이트는 아침에는 대학 입학 전 학점 취득 프로그램을 수강하기 위해 같은 도시에 있는 팬 밸리 커뮤니티 칼리지로 등교한다.

내년 봄이면 훌륭한 성적으로 고등학교 졸업장은 물론 대학 입학과 동시에 약 60학점을 얻게 되기 때문에 대학교 3학년으로 바로 진학할 수 있다. 케이트는 그 덕에 등록금을 절약하게 되어 기분이 매우 좋다.

케이트가 화학을 전공하려는 이유는 선택할 수 있는 직업군이 다양하기 때문이다. 하지만 케이트가 가장 하고 싶은 일은 범죄 현장 조사관이다. 이를 위해 언젠가 과학수사 분야에서 석사학위를 취득해야 겠지만, 그 전에 유학을 다녀올 계획도 가지고 있다. 지난 10여 년 동안 총 5명의 외국인 교환학생이 케이트의 집에서 지냈는데, 그 영향으로 그녀 역시 다른 문화를 직접 경험하고 싶어진 것이다.

학교에서 케이트는 다양한 친구들과 시간을 보낸다. 남자친구인 멕시코 이민자 출신 호세, 백인 양성애자 블래어, 그리고 호세처럼 자신의 성별을 중성이라고 주장하는 흑인 샤론이 함께 어울리는 친구들이다. 그들은 최근 함께 참여한 연극에 대해 토론하거나 그날의 가장 핫한 뉴스거리, 또는 재미있는 유튜브 동영상에 대해 이야기를 나눈다.

저녁에 집으로 돌아온 케이트는 가족들과 비디오 게임 던전 앤 드래곤게임 회사TSR; Tactical Studies Rules이 만든 대중적인 비디오 게임을 하거나 책을 읽으며 시간을 보낸다. 자칭 책벌레인 그녀는 소셜미디어에 일상을 공유하는 타입은 아니다.

오히려 또래에 비해 덜 사교적이기에 다른 친구들이 온라인 쇼핑몰에서 쇼핑하는 것만큼이나 혼자 보내는 시간을 좋아한다. 또한 케이트는 지역의 동물보호소에서 자원봉사 활동을 하며 보내는 시간을 좋아하지만, 요즘엔 자유시간이 없어 거의 참여하지 못하고 있다. 대신 고등학교 졸업이 다가오는 만큼 성적, 대학등록금, 그리고 미래 설계에 많은 관심을 쏟고 있다.

케이트와 그녀의 친구들은 전형적인 Z세대다. 그들은 새롭게 등장한 세대임이 분명하지만, 그렇다고 신비롭거나 규정하기 어려운 세대는 아니다. 오히려 그들은 현명함, 실용주의, 근면과 성실, 기업가 정신 같은 단어로 정의할 수 있을 정도로 뚜렷한 특징을 보인다.

분명한 사실은, 기성세대들이 마침내 밀레니엄세대에 대해 파악했다고 생각한 순간 Z세대라 불리는 새로운 젊은 소비자들이 등장했다는 것이다. 이것은 곧 이 시대를 살고 있는 마케터들을 미지의 영역으로 밀어 넣었다는 것을 의미한다.

하지만 이들의 등장이 정말 놀라운 일일까? 새로운 세대는 저마다 특징적인 성향과 신념, 행동양식을 가지기 마련이다. Z세대의 경우에도 불안정한 경제와 사회 변화로 인해 형성된 새로운 환경에 적응해나가고 있을 뿐이다. 이 같은 변화에 적응하고 발맞춰 나아가는 게 바로 마케터들의 본업이 아닌가.

물론 지난 10여 년간 밀레니엄세대를 상대로 마케팅을 하며 경험했듯이 그것은 결코 쉬운 일이 아니다. Z세대에 대한 연구는 어쩌면 그보다 훨씬 더 어려운 일이 될 수 있다. 하지만 그 과정은 마케터로서의 커리어에 크나큰 교훈과 보람을 선사할 즐거운 여정이 될 것이다.

케이트는 세상을 바꿀 운명을 타고난 이 흥미로운 Z세대를 대표한다. 이들은 분명 세상을 바꿔놓을 것이다. 이대로만 간다면 Z세대의 인구는 꾸준히 증가하여 2020년에는 그 수가 전체 소비자의 40%를 차지할 것으로 예상된다. 이들은 약 440억 달러 규모의 직접 구매력을 가진 세대다. 여기에 각 가구의 소비에 기여하는 이들의 전례 없이 거대한 영향력까지 고려하면 그 숫자는 크게 증가할 것이다.

2015년에 디지털 마케팅 에이전시 딥 포커스Deep Focus가 발행한 〈카산드라 리포트〉에 따르면 부모의 93%는 자녀가 가계지출에 크게 영향을 미친다고 응답했다.

Z세대는 거대하고, 강력하며, 까다로운 세대다. 이들은 하나같이 열정적이며, 어떤 일에든 적극 뛰어들 준비가 되어 있다. 케이트가 자신의 미래를 위해 높은 기준을 세운 것처럼, Z세대는 기업들도 자기들과 마찬가지로 탁월함을 목표로 더욱 정진하기를 원한다.

오늘날의 소비자 주도형 경제, 포스트 디지털 경제 시대에 Z세대 마케팅은 결코 쉽지 않은 도전이다. 그럼에도 많은 기관들은 Z세대의 잠재적 중요성을 간과한 채 아직도 밀레니엄세대에만 몰두하고 있다.

하지만 그들을 평가하거나 비난하기만 해서는 안 된다. 지금 열심히 Z세대에 대해 말하고 있는 우리조차도 최근까지 밀레니엄세대만을 집중적으로 연구했으며, 밀레니엄세대에 대한 책을 내왔으니 말이다.

우리가 속한 연구팀에서는 그간 2권의 책을 발간했는데, 하나는 2013년에 발행한 《밀레니엄세대를 위한 마케팅Marketing to Millennials》이고, 다른 하나는 2015년에 출간된 《부모가 된 밀레니엄세대Millennials with Kids》다.

연구를 진행하면서 우리는 Z세대가 가진 막강한 영향력을 깨닫기 시작했고, 연구 결과에 매료되면서 더 많은 것들이 알고 싶어졌다. 밀레니엄세대에 대한 연구 열정에 불을 지폈던 바로 그 호기심으로 Z세대를 연구 대상에 추가하게 된 것이다. 그 결과, 우리는 Z세대의 행동과 성향, 동기를 제대로 이해하기 위한 첫 번째 심층 연구 프로젝트를 실시하기에 이르렀다.

Z세대
연구법

다음은 Z세대 연구의 초석이 된 핵심 질문들이다.

1. Z세대는 밀레니엄세대와 어떻게 다른가?
2. Z세대는 무엇을 믿고, 무엇에 가치를 두는가?
3. Z세대의 경험은 어떤 관점을 바탕으로 하는가?
4. 의사 결정에 앞서 Z세대가 선택의 기준으로 삼는 것은 무엇인가?
5. Z세대에게 의미 있는 브랜드가 되려면 무엇이 필요한가?

2016년 9월부터 시작된 우리의 초기 연구는 미국 내 모든 세대를 상대로 하는 양적 연구였다. 2,039명을 대상으로 연구했으며, 그중 505명이 Z세대에 속한다. 전국 모든 세대의 구매 및 소

비 행동, 성향, 신념 및 동기는 다음의 항목들과 연관 지어 연구
했다.

- 자기 자신(건강/행복/영양 상태)
- 사회(근로자/임금/대의)
- 지구(환경/지속 가능성)
- 브랜드의 역할에 대한 시각
- 브랜드에 대한 기대
- 미디어 소비 습관
- 쇼핑 습관(소매 및 레스토랑 분야/소비 채널)
- 정보 습득 경로

양적 연구 외에도 Z세대가 하루를 기준으로 시간을 어떻게 보
내는지, 개개인에게 동기를 부여하는 것은 무엇인지에 대해 더
잘 이해하기 위해 우리는 이들과 함께 일하고 쇼핑하며 시간을
보냈다.

그래서 뭘 알게 되었냐고? 놀라지 말기 바란다. Z세대가 가진
근면하고 성실하며 금전, 교육, 직업적 성취 같은 보수적 기준의
성공을 좇는 성향은 훨씬 앞선 세대를 닮았다. 그러나 전통적 가
치와 비전통적 가치의 이중성 사이에서 갈등하는 Z세대는 세상
을 바꾸기 위해 기성세대에게 도전한다.

이들 개개인의 신념을 들여다보면 그 이유를 알 수 있다. 이들은 인종, 성 평등, 자아 정체성, 성 정체성에 관해 자유주의적인 시각을 견지하며 현대의 새로운 규칙들을 써나가는 세대다. 또한 역사적으로 중요한 순간에 무대에 등장한 사회적, 기술적 힘과 역량을 보유한 세대로, 밀레니엄세대가 세상을 변화시키겠다는 꿈을 꾸는 동안 실제로 행동에 나서는 세대이기도 하다.

지금부터 여러 장에 걸쳐 우리는 Z세대를 형성하는 힘과 각종 의미 있는 통계수치들을 함께 들여다볼 것이다. Z세대가 어떤 규칙에 따라 소셜미디어를 사용하는지, 이들이 아주 어린 시절부터

전통적 가치	비전통적 가치
보수적 행동	자유주의적인 시각
개인의 성공을 위해 매진	다수결의 원칙 및 소속 그룹의 의제 수용 여부에 따라 움직임
브랜드 상품에 관심	성적 선호에 대한 전통적 관념을 따르지 않으려는 욕망
가족 형성에 높은 우선순위를 둠	성적 선호에 대한 전통적 관념을 따르지 않음
교육을 가치 있는 것으로 생각함	기업가적 마인드와 기술을 중시함
돈관리 요령 및 상식을 가지고 있음	지역 단위가 아닌 전 지구적으로 사고함

Z세대들이 동시에 지닌 전통적 및 비전통적 가치

어떤 방식으로 개인 브랜드를 구축해나가는지를 자세히 살펴보도록 하자.

이런 관점에서 더 나아가 오늘날의 브랜드가 Z세대를 상대로 성공을 거두려면 어떻게 해야 하는지, 무엇이 이 세대에게 영감을 주는지, 소셜미디어와 마케팅의 진화, Z세대에 관한 예측, 그리고 이들이 손에 쥐게 될 시장의 미래에 대해서도 함께 알아보도록 하자.

이 책이 떠오르는 Z세대를 제대로 이해하기 위한 독자의 여정에 길잡이가 될 수 있도록, 우리는 책의 각 장을 새로운 소비자들에게 접근하기 용이한 이상적인 전략들로 가득 채웠다.

일부 Z세대들이 여전히 중학생 정도에 불과하다고 해도, 이들을 상대로 한 마케팅은 아이들 장난 같아서는 안 된다. 오늘날의 10대는 세상에서 가장 강력한 소비력을 자랑하는 소비자군으로 꼽힌다. 그런 10대들이 자신만의 브랜드 선호도와 소비 행동을 구축해나가고 있는 이상 기업은 이들의 기대치를 충족시켜야 한다.

그러나 밀레니엄세대 소비자의 마음을 사로잡고 소통하는 데만 수년이 걸렸고, 아직 완벽히 분석을 끝내지 못한 대다수 마케터들은 다음 세대를 맞이할 준비를 제대로 하지 못했다.

Z세대를 상대로, 우리는 지금껏 갈고 닦아온 방법론과 전략을 새롭게 수정해야 할 것이다. 이는 부인할 수 없는 사실이다. 이 새로운 세대의 젊은이들은 브랜드에게 자신의 열정을 뒷받침해줄

것을 요구한다. 이들이 세운 규칙을 이해하고, 그 규칙을 따르는 브랜드는 그에 따른 보상을 얻게 될 것이며 그렇지 않은 브랜드는 빠르게 잊히고 말 것이다.

Z세대는 누구인가?

밀레니엄세대의 시대가 끝나고 Z세대의 시대가 찾아온 것이 정확히 언제부터일까? 인구학자들은 1990년대 초중반에서 2000년대 중반 사이에 태어난 세대를 첫 번째 Z세대라고 규정하지만, 이 책에서는 자체적으로 실시한 연구를 기준으로 Z세대의 출생연도를 1996년에서 2010년으로 정했다.

출생연도에 대한 이야기가 나온 김에 우리가 개발한 세대별 연대표를 아래와 같이 공유한다. 단, 출처에 따라 출생연도는 달라질 수 있다. Z세대와 다른 세대 간의 공통점과 차이점에 대해 이야기할 때, 아래 참고 자료가 유용하게 사용될 것이다.

- 침묵세대 : 1925-1945
- 베이비부머세대 : 1946-1964
- X세대 : 1965-1978
- 밀레니엄세대(종종 Y세대라고도 불림) : 1979-1995
- Z세대 : 1996-2010

Z세대는 모든 세대의
중심에 있다

출생연도 외에도 각 세대를 구분 짓는 요소들은 다양하다. 인생 초반에 경험한 가장 결정적인 순간들도 그중 하나다. 위에서 언급한 각각의 세대는 스스로를 바라보는 시각과 세계를 바라보는 관점에 영향을 미친 경험들에 강한 유대감을 느낀다.

예컨대 Z세대의 일부는 2001년에 일어났던 9·11테러를 아주 어린 시절일지언정 분명히 경험했음에도 불구하고 그때의 참극을 좀처럼 떠올리지 못한다. 그러나 밀레니엄세대의 경우 9·11테러가 남긴 공포와 파괴력이 뇌리에 깊이 각인되어 있기 때문에 그날에 대한 언급만으로도 금세 감정에 북받친 대화를 시작한다.

그들 중 대다수는 사고 당시에 자기가 어디 있었는지, 무엇을 하고 있었는지, 첫 번째 비행기가 뉴욕의 세계무역센터 빌딩을 들이받았을 때 어떤 기분이었는지를 생생히 떠올린다. 그 사건은 그들이 난생 처음 경험한 극악한 공포의 기억이기 때문이다. 테러에 관한 뉴스 보도와 각종 테러 예방책들이 자라나는 밀레니엄세대에게 부서져버린 세상의 냉혹한 현실을 가르쳐준 것이다.

한편 Z세대는 버락 오바마 대통령이 미국 역사상 첫 번째 흑인 대통령이 되어 선서를 하고 집무실에 들어서던 순간을 바라보며 국가의 진보를 가슴 깊이 실감했었다. 평화의 횃불을 넘겨받은 Z세대는 오바마 대통령의 재선을 통해서도 다시 한번 인종의 평등을 향한 열망을 최고조로 끌어올렸다.

그렇다면 이번엔 침묵세대부터 Z세대까지 각 세대가 경험한 가장 결정적인 순간들을 기준으로 각 세대를 구분 지어보자.

각 세대가 경험한 사건들과 그로 인해 형성된 공통적인 세계관을 기준으로 Z세대가 밀레니엄세대보다는 침묵세대, 또는 베이비부머세대를 더 닮았다고 말하는 사람들이 있다.

침묵세대	베이비부머 세대	X세대	밀레니엄세대 (Y세대)	Z세대
1925-1945	1946-1964	1965-1978	1979-1995	1996-2010
대공황	베트남전쟁	베를린장벽 붕괴	9·11테러	경기 대침체
더스트 볼*	우드스탁*	챌린저호 사고	콜롬바인 고등	ISIS
2차 세계대전	인권운동	AIDS	학교 총기사건	샌디훅 초등학교
매카시즘	케네디 암살사건	MTV	소셜미디어	총기사건
	워터게이트	이란인질사태	비디오 게임	동성결혼 합법화
	우주 탐험	걸프전	Y2K	첫 번째 흑인
				대통령 당선
				포퓰리즘의 부상

*더스트 볼Dust Bowl : 1930년대 미국과 캐나다의 초원지대에서 발생한 극심한 모래 폭풍

*우드스탁Woodstock : 1969년 미국 우드스탁에서 열린 록 페스티벌로 한여름 폭우와 진흙탕 속에서도 수천 명의 관중이 콘서트를 즐겨 미국 역사상 가장 위대한 무대 공연과 관중으로 기억된다.

자료 1-1 **각 세대를 정의하는 사건들**

밀레니엄세대가 '순수의 상실'에 관한 이야기에 집중하는 반면에 Z세대는 전쟁과 국내외 테러 위협에 더 민감하게 반응한다. 제2차 세계대전과 대공황을 겪으며 자란 그들의 조부모나 증조부모 세대와 마찬가지로, Z세대는 경기 대침체가 휩쓸고 지나간, 9·11테러 발생 이후의 시대에서 성장하고 있기 때문이다.

우리는 2017년에 진행했던 연구인 〈Z세대 바로 알기 : Z세대는 밀레니엄세대와 어떻게 다른가?〉를 바탕으로, Z세대를 가장 잘 수식하는 단어를 '중심, 또는 중추pivotal'라고 결론지었다. 모든 세대의 중심에 있다는 의미에서 그렇다.

Z세대는 밀레니엄세대의 전형적인 행동양식과 성향과는 다른 모습을 보인다. 하지만 오히려 정석을 고집하던 왕년의 소비자들의 성향을 닮았으며, 여기에 더해 강한 사회의식과 다양성을 중시하는 진보적인 태도를 가졌다.

인종주의를 넘어선
첫 번째 세대

"사회 규범이 극적으로 변화한 시대에서 성장한 우리 Z세대가 인종주의와 성차별을 넘어서는 첫 번째 세대가 될 거라고 확신합니다."

−그레이스 마스백Grace Masback, 18세
《Z세대의 목소리The Voice of Gen Z》 저자

모든 세대는 그들만의 발자취를 남긴다. 시민해방운동이든, 기술 발전이든, 환경운동이든, 예술 부흥이든, 새로운 세대마다 새로운 시대가 열린다. 하지만 세상의 기대보다 훨씬 더 많은 것을 이뤄온 Z세대는 목표를 정하는 것에만 수백 년은 족히 걸릴 일들을 이미 달성하기에 이르렀다.

Z세대를 대표하는 활동가인 그레이스 마스백은 그들 세대가 가진 사회적 의식에 관한 책《Z세대의 목소리》에서 Z세대가 가진 가치에 대해 열정적으로 피력했다.

"우리는 누구나 모두와 친구가 될 수 있는 세상에서 성장했습니다."

뛰어난 필력과 정치 활동에 대한 열정 덕분에 그레이스는 다양성과 포용이라는 가치를 자랑스럽게 여기는 Z세대의 대표자 중 한 사람이 될 수 있었다.

우리는 Z세대가 보이는 다민족 포용력의 이유를 주류 백인 인구의 지속적인 감소에서 찾을 수 있었다. Z세대는 미국의 주류 인구가 백인인 시대를 살고 있는 마지막 세대가 될 것이다. 이해를 돕기 위해 설명하자면, 1700년대 초부터 미국에서 가장 흔한 성은 스미스, 존슨, 윌리엄스였다. 지금은 가르시아, 마르티네스, 로드리게스라는 히스패닉계 성을 가진 인구가 꾸준히 증가해 미국에서 가장 흔한 성의 1위 자리를 노리고 있다. 한 걸음 더 들어가 보자.

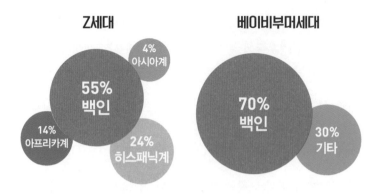

베이비부머세대와 Z세대 간 인종 구성 비율

- Z세대의 55%는 백인이며, 24%는 히스패닉계, 14%는 아프리카계 미국인, 4%는 아시아계다. 반면에 베이비부머세대의 경우 인구의 70%가 백인이었다.

자료 1-3 1970년 2013년의 다인종 출생률 비교

- 2013년에 태어난 아이들의 10%는 다인종에 속한다. 이는 혼혈 인구의 출생률이 1%에 그쳤던 1970년대와 극명하게 대조되는 결과다.
- 지난 30년 동안 다른 인종 간의 혼인 비율이 400% 상승했다(아시아인

과 백인 간의 결혼은 1,000% 증가했다).

- 스스로가 백인과 흑인 사이의 혼혈이라고 인식하는 인구 역시 134% 증가했으며, 백인과 아시아인의 혼혈 인구는 87% 증가했다.

위와 같은 통계치를 고려하면 Z세대가 다양성과 다문화주의를 위한 투쟁에 나설 준비를 마쳤다는 사실은 더 이상 놀라운 일이 아니다. 인종 평등에 관한 한 이들은 자신의 나이를 훨씬 뛰어넘는 지혜를 가지고 있다고 생각하면 된다.

"우리는 당신들이 생각하는 그런 사람이 아닙니다."

"우리 세대의 부모님들은 '어떻게 하면 변화를 이루어낼 수 있을까'에 대해 스스로 생각하도록 가르쳤습니다. '만약 내가 변화를 만들 수 있다면'이 아니라 '나는 내가 자란 환경의 산물이며 변화를 이끌어내는 것은 내 의무다' 라고 생각하도록 말입니다."

— 지아드 아흐메드Ziad Ahmed, 18세
리디파이Redefy 창립자 겸 회장

버락 오바마 대통령은 모든 Z세대 중에서도 특히 지아드 아흐메드라는 소년의 열정과 그가 이룬 평화 증진에 주목했다.

지아드는 편견과 성차별에 맞서기 위해 설립된 청소년 단체 리디파이의 창립자이자 회장이다. 또한 10대 컨설턴트들이 비즈니스 세계에서 발언권을 가질 수 있도록 돕는 JUV 컨설팅의 공동 창립자이기도 하다.

흔히들 '젊은 세대는 가만히 있지를 못하고 무모한 행동을 일삼는다'고들 하거나 '요즘 어린 것들은 제멋대로라니까!'라고도 말한다. 하지만 Z세대는 예전의 10대들에게서는 찾아볼 수 없는 근면함, 경제적 책임감, 독립심, 강한 의지를 지녔다. 특히 이전 세대의 10대들과는 달리 미성년 음주, 마약, 흡연과 같은 위험한 행동의 발생 비율이 현저히 낮다.

이렇듯이 이들 세대는 다소 보수적으로 행동하는 경향을 보이며 정직, 충성심, 성과 등의 가치에 대해 다소 전통적인 태도를 고수한다.

그러나 우리가 살아가는 오늘의 세상은 50년 전의 세상과는 전혀 다르다. 지금의 10대들이 전통적인 가치를 고수해나가고 있다고는 하지만 이들의 행동까지 앞선 세대와 동일할 거라고 기대해서는 안 된다.

밀레니엄세대와 마찬가지로, Z세대 역시 기술 발전에 따라 변화하는 시장, 물리적인 세상을 넘어 디지털 세상으로 확대되는 사회적 지형 속에서 살아가고 있다는 점 또한 항상 기억해야 한다.

Z세대,
현실감 있는 별종

"Z세대 마케팅에서 브랜드들이 저지르는 가장 큰 실수는, 그들을 밀레니엄세대와 동일시한다는 점입니다. '이 두 세대는 어떻게 다르지?'라는 질문을 반드시 해야 합니다. 우리는 그 무엇도 거저 주어지는 것은 없으며, 모든 것은 쟁취해내는 것이라는 사실을 알고 있습니다."

— 코너 블래클리Connor Blakley, 18세
유스로직스YouthLogix 창립자, 《브랜즈Brandz》 저자

우리는 그동안 밀레니엄세대를 이해하고, 이들을 상대로 한 마케팅에 성공하기 위해 지난 10년 동안 온갖 노력을 쏟아왔다. 그런데 느닷없이 Z세대라는 별종들이 나타났으니, 많은 기업들이 놀랄 만도 했다.

이들 두 세대의 가장 두드러지는 공통점은 모두 기술에 익숙하다는 점이다. 그리고 24시간 인터넷 접속을 당연하게 여긴다. 두 세대 모두 소셜미디어를 사랑하고, 광범위한 네트워크를 형성하며, 타인의 삶을 호시탐탐 엿본다. 브랜드 참여도 및 브랜드와의 협업에 대한 열망 역시 대단히 높고, 모두 세상을 바꾸겠다고 다짐하는 세대들이다.

하지만 이 같은 공통점에 속아서는 안 된다. Z세대는 자신만의 관점과 생각, 니즈needs 필요 욕구, 브랜드에 대한 기대를 가진 별도의 소비자 그룹이다. 그러니 그들을 그저 나이 어린 밀레니엄세

대 취급하는 것은 크나큰 실수로, Z세대는 결코 이 실수를 가볍게 넘기지 않을 것이다.

이번에는 두 세대의 차이점을 간단히 짚어보자. 먼저 Z세대는 TV, 휴대폰, 노트북, 데스크탑, 태블릿PC, 게임기 등 5개의 스크린 사이를 한꺼번에 오가는 멀티태스킹에 능하다. 반면에 밀레니엄세대는 TV와 휴대폰, 또는 휴대폰과 노트북의 조합같이 보통 2개의 스크린을 동시에 조작하는 데 그친다.

또한 지속적인 기술 발전 덕분에 Z세대는 3D가 아니라 4D 차원에서 사고한다. 이들에게는 태어날 때부터 고화질 영상과 서라운드 음향이 당연했고, 이제는 360도 사진과 동영상을 손쉽게 이용하는 등 가상현실VR; Virtual Reality 기술에도 익숙하다(자료 1-4 참고).

밀레니엄
세대

Z세대

두 개의 화면 ○ ● 다섯 개의 화면
3D ○ ● 4D
집중력 12초 ○ ● 집중력 8초
위험 감수 ○ ● 위험 회피
대중적 ○ ● 개인적
낙관적 ○ ● 현실적

자료 1-4 **밀레니엄세대와 Z세대의 차이점**

이렇게 즐길 것들이 넘쳐나는 와중에도 이들은 밀레니엄세대에 비해 직업과 경제에 대한 현실감을 잃지 않고 있다. 왜 그럴까? 그 이유는, 이들이 격변과 혼란의 시대에서 자란 탓일 것이다.

Z세대를
행동하게 하는 것들

"사람들은 피부색 같은 건 따지지 않는다고 말합니다. 그러나 피부색의 차이는 모두가 볼 수 있습니다. 피부색의 차이를 느끼는 것 자체가 문제될 것은 없어요. 문제는, 피부색과 민족적 배경에 따라 사람을 차별할 때 생깁니다. 사람들이 저마다 다른 문화적 배경을 가진다는 사실, 그리고 그것이 멋지다는 사실을 인정하는 건 좋은 일입니다. 그저 타인의 문화를 조금 더 열린 마음으로 받아들이는 것으로 족합니다. 그런 작은 노력을 할수록 세상은 더 나은 곳이 될 겁니다."

– 클로에 A, 18세

Z세대는 세상을 바꾸고 싶어 한다. 무엇이 그들을 그렇게 만들었는지 이유를 알기는 쉽지 않다. 음악, 음식, 패션, 가족, 문화적 가치 등 우리가 자라면서 보고 경험하는 모든 것들이 우리 세대를 형성했듯이 그들도 마찬가지다. 이 세대를 이해하려면 넓은 시야는 필수적이다. 이제 Z세대를 키운 것들은 무엇이 있는지 알아볼 차례다.

기술

"오늘날의 10대들 역시 사춘기와 청소년기를 겪으며 그 시기에 흔히 겪는 개인적인, 그리고 관계에 얽힌 성장통을 겪습니다. 하지만 이들이 자라는 내내 함께 성장한 기술이 이들의 삶의 방식을 완전히 바꾸어 놓았다는 사실을 알아야 합니다."

– 크리스 허드슨Chris Hudson, '기술은 Z세대를 어떻게 바꾸어 가는가?
How generation Z are being shaped by Technology'에서

오늘날의 10대는 완전한 포스트 디지털 시대에 태어나고 자란 첫 번째 세대다. 스마트폰과 소셜미디어가 없는 세상을 알지 못하는 그들에게는 이 두 가지가 존재하는 세상이 지극히 온당하고 평범하다.

밀레니엄세대를 이들과 같은 범주에 넣어 생각하는 사람들을 위해 토마스 쿨로풀로스Thomas Koulopoulos와 댄 켈드슨Dan Keldsen 은 저서 《Z세대 효과The Gen Z Effect》에서 이렇게 말했다.

"밀레니엄세대는 Z세대라는 진정한 디지털 원주민의 베타 티저 버전입니다."

'베타 버전beta Version'이란 소프트웨어나 하드웨어 제품을 정식으로 출시하기 전 미처 발견하지 못한 제품의 결점을 찾아낼 목적으로 일반인에게 사전 배포하여 사용해보게 하는 테스트용 제품을 말한다.

'티저teaser'는 방송이나 영화, 신문이나 잡지의 기사에서 다음에 이어질 내용에 대한 사람들의 호기심을 이끌어내기 위해 사용하는 장면이나 광고, 또는 제목을 말한다. 한 마디로 말해서 밀레니엄세대는 Z세대라는 흥미진진한 존재를 위해 만들어진 예고편에 지나지 않는다는 뜻이다.

Z세대에게 어필하려면 기술이 눈에 보여서는 안 된다. 매끄러운 사용자 경험을 선사하는 것은 필수고, 속도의 존재가 느껴지지 않을 정도로 빨라야 한다. 물론 이 모든 게 모바일 상에서도 전혀 흠결 없이 자연스럽게 이루어져야 한다. Z세대가 그 기술의 존재를 눈치챘다면 뭔가를 잘못하고 있다고 생각하면 된다.

멀티태스킹

"Z세대는 다양한 방해물이 존재하는 환경 속에서 놀이와 일 사이를 빠르고 효율적으로 오가며, 그 와중에 다양한 일들을 동시에 처리합니다. 이들은 멀티태스킹을 멀티로 하는 세대입니다."

— 조지 비올George Beall, 'Z세대와 밀레니엄세대의 8가지 차이 8 key differences between gen Z and millinnials'에서

Z세대는 종종 금붕어 같은 집중력을 지녔다는 오명을 쓰곤 한다. 그만큼 산만하다는 뜻이다. 하지만 사실은 집중력이 부족한 게

아니라 이전 세대에 비해 이들의 뇌가 디지털 환경에 더 빠르게 적응하고 있는 것뿐이다. 이들은 8초 이내, 또는 그보다 빨리 콘텐츠를 걸러낼 수 있고 어떤 콘텐츠가 중요한지, 어떤 콘텐츠에 관심을 둘 것인지를 순식간에 결정할 수 있다.

특히 10대 청소년을 자녀로 둔 부모에게 물어보면 아이들의 깜짝 놀랄 만한 멀티태스킹 능력에 대해 듣게 될 것이다. 노트북으로 독후감을 작성하는 동안 친구들과 온라인 비디오 게임을 즐기고, 그러는 동시에 다른 무리의 친구들과 영상 통화를 한다. 그들은 여러 작업 사이를 자유자재로 오가는 데 선수다.

지식

이들은 '덕후'라고 불린다 해도 눈 하나 깜빡하지 않을 것이다. 아니, 오히려 영광으로 여길지 모른다. 자신들이 보유한 지식, 직업 윤리, 창의력에 자부심을 가지고 있기 때문이다.

컴퓨터 소프트웨어 회사인 어도비Adobe에서 진행한 연구에 따르면, Z세대 학생의 56%가 특정한 직업을 꿈꾸고 있으며 88%가 대학 진학 계획을 세운다. 이 수치는 이들 세대가 미래를 꿈꾸는 능력뿐만 아니라 그 목표를 향해 달려갈 열정까지 두루 갖추고 있다는 사실을 보여준다.

성공을 향한 열망은 학교 수업이 끝났음을 알리는 종이 울린다고 사라지는 게 아니다. 디지털 마케팅 에이전시 딥 포커스가 발행한 〈카산드라 리포트〉에 따르면, 이들 중 89%는 자유 시간을 단순히 놀면서 소비하는 대신 생산적인 활동에 쏟아 붓는다.

2015년에 시장조사 기관 닐슨Nielsen이 행한 여론 조사에서도 Z세대 응답자 중 절반 이상이 TV 시청보다 독서를 선호한다고 대답했다. 그렇다면 이들의 독서 취향은 어떨까?

미국의 10대 후반부터 20대 초반 신세대들을 겨냥한 월간지 〈틴 보그Teen Vogue〉의 2016년 12월호에 실린 기사 하나가 트위터와 주류 미디어에서 화두로 떠올랐었다. 기사의 제목은 이것이었다.

'국내에 불안의 불씨를 피우는 도널드 트럼프 대통령!'

불과 10년 전만 해도 10대 소녀들을 위한 잡지는 이처럼 사회적 논란의 중심에 있는 정치 이슈를 다루지 않았다. 그러나 오늘날의 10대들은 국내외 주요 문제에 관심을 가지는 데 그치지 않고, 해당 이슈들에 관해 자기들의 목소리를 내고 싶어 한다. 그뿐만 아니라 이들은 여러 부분에서 과거의 10대들에 비해 훨씬 더 성숙한 행동을 보인다. 이에 대해, 일부 기성세대는 이들이 지나치게 빠른 성장을 강요당하고 있기 때문이라고 말한다.

우리가 살아가는 오늘의 현실 탓인지, 아이들을 현실의 세상에 제대로 준비시키고 싶은 부모의 욕심 때문인지, 아니면 미디어 때문인지, 이유는 정확히 알 수 없다. 어쩌면 이들 세 가지 요소가 모두 합해진 탓일지도 모른다. 오늘의 세상에서 10대로 살아가는 일이 녹록지 않음은 분명해보인다.

소셜미디어

2010년은 가장 빨리 태어난 Z세대가 14세가 되던 해였다. 그 무렵 소셜미디어가 주류를 이루게 되었고, 그에 따라 인스타그램, 핀터레스트, 스냅챗 같은 플랫폼이 급부상했다. 이미 이 구역에서 선배 취급을 받는 페이스북과 트위터는 사용자가 각각 10억 명과 5억 명에 달했다.

오늘날의 10대들에게 소셜미디어가 없는 세상은 존재하지 않는다. 이처럼 Z세대는 소셜미디어 플랫폼 사용량 측면에서 다른 세대를 월등히 앞지른다.

또 달리 눈여겨 볼 점은, 10대들이 소셜플랫폼에서 자신들의 세부적인 정보를 모두와 공유하는 방식보다는 선택적으로 공유하는 방식을 선호한다는 사실이다(자료 1-5 참고).

통찰력에다 요령까지 갖춘 이들은 과거 세대가 저지른 실수를 교훈 삼아 무엇을 어디에 공유할지에 대해 훨씬 더 신중하게 생각한다. 물론 살얼음판을 걸어야 하는 상황이 즐겁지는 않을 것

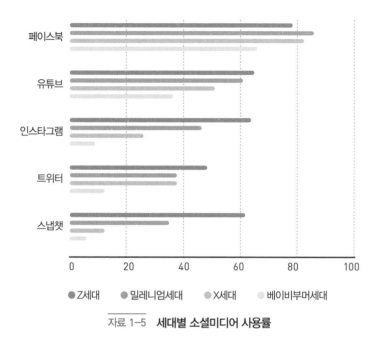

자료 1-5 **세대별 소셜미디어 사용률**

이다. 이들도 기회가 되면 언제든 맘껏 머리를 풀어헤치고 노는, 정제되지 않은 자신의 모습을 그대로 보여줄 방법을 찾는다.

그러나 조금이라도 논란의 여지가 있는 콘텐츠는 특정한 소셜 플랫폼에서 소규모 그룹의 친구들에게만 공개한다. 이로써 알 수 있는 사실은, 소셜미디어를 통해 Z세대에게 다가가려는 브랜드 라면 극히 조심스러운 접근법을 취해야 한다는 것이다.

또한 브랜드가 자사의 광고 콘셉트를 제대로 잡지 못한다면, 즉 브랜드가 가진 신념에 대해 어떤 이야기를 전해야 할지 알지 못한다면, 그 브랜드는 이 새로운 소비자 그룹에게 아무런 감흥을 주지 못할 것이다.

그러니 소셜미디어를 통해 섣부르게 마케팅을 펼치는 건 금물이다. 소비자들과 대화를 나누는 데 더 집중하자. 장사를 하려고 들면, 당신은 틀림없이 실패할 것이다. 최선의 접근법은 그들의 목소리에 귀를 기울이고, 그들에게 진정성 있고 의미 있는 방식으로 다가서는 것이다. 이 전략에 대해서는 2장에서 더 자세히 살펴보도록 하겠다.

조심성

불확실성이 도처에 깔린 세상에서 성장한 Z세대는 안전을 간절히 원한다. 최근 경제전문지 〈포브스Forbes〉에 실린 기사에서 작가 라이언 스콧Ryan Scott은 이렇게 말했다.

"Z세대는 X세대, 그리고 밀레니엄세대가 10대였을 때에 비해 조심성이 훨씬 더 높습니다. 이들은 리스크가 큰 행동을 회피하며, 직업 선택이나 의사 결정도 합리적으로 내립니다. 또한 이전 세대 10대들과 비교했을 때 문제를 일으키는 비율 역시 현저히 낮습니다."

미성년 음주 문제는 지속적으로 감소 추세에 있으며, 이들에게 안전벨트 착용은 당연한 일이다. 10대 출산율 역시 감소했다.

앞서 말한 바와 같이 Z세대는 밀레니엄세대와 달리 자신들의 삶을 전 세계에 드러내는 것에는 관심이 없다. 이들이 기록이 영원히 남는 플랫폼보다 스냅챗처럼 콘텐츠 수명이 짧은 소셜미디어를 선호하는 이유도 그 때문이다.

스냅챗은 사용자가 미리 시간을 설정해 자신이 보낸 문자나 그림 등의 파일을 사라지게 할 수 있는 모바일 메신저다. 상대방에게 메시지를 보내며 5초나 10초 등으로 시간을 맞추면 상대방이 확인한 후 설정한 시간에 맞춰 메시지가 자동으로 삭제된다. 스냅챗은 Z세대가 원하는 지점을 아주 잘 공략한 소셜미디어 중 하나라고 할 수 있다.

Z세대의
걱정거리

테러와 폭력

"테러가 우리 세대에 미친 영향을 전부 나열하는 건 불가능해요. 9·11테러, 콜롬바인 고등학교 총기사건, ISIS 등을 겪어온 우리 Z세대는 언제나 안전을 생각합니다. 그뿐만 아니라 이 경험들은 세상을 변화시켜야 한다는 경각심도 가지게 했습니다. 우리는 폭력을 직접 목격해왔으며, 이 같은 상황을 바꾸고 싶습니다. 도처에 테러 위협이 가득한 세상, 이것이 우리가 아는 세상의 전부입니다.

— 젠 리틀Jenn Little, 〈Z세대 : 우리를 말하다Generation Z : Who we are〉에서

앞선 세대들의 대부분은 9·11테러가 일어나기 전의 세상을 기억하고 있다. 공항 보안은 느슨했고, 학교와 극장과 콘서트장은 안전한 곳이었다. 그러나 불행하게도 Z세대는 시도 때도 없는 테러로부터 자유로운 세상에 살아본 적이 없다.

맨체스터 폭탄테러, 보스톤 마라톤대회 폭탄테러, 올란도 나이트클럽 총격사건 같은 일련의 비극은 그들을 분노하게 만들었다. 그러나 슬프게도, 이 같은 사건으로 놀라기엔 그들은 폭력에 너무도 익숙해졌다.

짐작컨대, 전 세계 청소년들이 가장 우려하는 것이 테러와 폭력인 이유도 여기에 있을 것이다. 글로벌 교육 기업인 바키재단Varkey Foundation은 테러가 Z세대에게 미치는 영향을 측정하기 위해 여론조사를 실시했다.

그 결과 미국 청소년의 82%가 폭력과 테러의 증가에 대해 대단히 심각하게 우려하고 있다는 사실이 드러났다. 그들은 너무도 어린 나이에 세상이 불완전하며 두려운 곳이라는 사실을 절감한, 너무 빨리 철들어버린 세대가 된 것이다.

이들에게 브랜드가 저지를 수 있는 가장 큰 실수 중 하나는 근거 없이 희망을 노래하며 이상적인, 혹은 위선적인 광고를 마케팅에 활용하는 것이다.

Z세대는 현실적이다. 자기들끼리 공유할 수 있는 진정성 있는 이야기, 자신들의 평범한 일상을 반영한 콘텐츠를 기대한다. 한 마디로 말해서 10대들은 손을 뻗으면 닿을 수 없는 이상을 노래하는 콘텐츠를 더 이상 원하지 않는다. 이들은 광고가 유리구슬 속에 담긴 환상이 아니라 일상생활의 반영이기를 원한다.

경제

"저는 가능한 많은 돈을 저축하려고 해요. 개인 재무관리 수업 시간에, 앞으로 적금 금리가 올라갈 것으로 예상되며 수년간 적금을 유지하면 막대한 돈을 얻을 수 있다고 배웠기 때문이죠. 은행계좌에 차곡차곡 쌓이는 숫자들을 보는 게 좋습니다."

– 새미 G, 18세

Z세대가 지금까지 겪은 가장 큰 경제사건은 2008년을 전후한 금융위기다. 2008년 9월 리먼 브라더스의 파산으로 표면화된 미국발 금융위기가 전 세계로 확산되면서 세계경제는 대공황 이후 최악의 경제 침체를 경험했다.

자세한 사건들까지 기억하기엔 너무 어렸지만, 이들은 내내 경기 침체의 여파 속에서 자랐다. 그럼에도 불구하고 희망은 있었다. 라이프 코치이자 작가인 크리스틴 해슬러Christine Hassler는 이렇게 말했다.

"불확실성이 가득한 경제 환경과 검소하고 회의적인 X세대 부모 밑에서 자란 Z세대는 특권의식이 적고 돈의 가치를 중시하는 세대로 성장했습니다."

재정적 안정은 Z세대에게 매우 중요한 문제다. 이들은 재정 안정성을 확보하기 위해서라면 언제 어디서든 곧장 행동에 나설 것이다.

링컨 파이낸셜 그룹Lincoln Financial Group에 따르면 미국에서 첫 번째 적금계좌를 개설하는 평균연령은 13세라고 한다. 13세라니! 놀랍게도 이들은 대학등록금을 모으기 위해 적금을 시작한다.

이들은 높은 연봉의 직장을 선호하며 언젠가 은퇴할 것을 대비해 계획도 세운다. 대다수가 공교육을 통해 재무교육을 받고 싶어 하기 때문에, 고등학교와 대학에서는 재무 계획 강의를 개설하는 것으로 이들의 요구에 대응한다.

대학교를 나왔다고 해서 연봉이 높은 직장이 저절로 주어지는 게 아니라는 사실을 잘 알고 있는 대부분의 대학생들은 재정 안정성이 보장되는 과학, 기술, 공학, 수학 분야를 전공하고 관련 일자리를 얻는 데 주력한다.

이들은 심지어 그 과정에서 자신이 진짜 하고 싶은 일이 후순위로 밀려나는 상황도 무릅쓴다. 이는 '꿈의 직업'을 좇아 열정을 불사르는 밀레니엄세대와는 반대되는 성향이다.

세계 최고의 진보적 비즈니스 미디어 기업인 패스트 컴퍼니Fast Company는 10대들의 재정 안전성에 대한 관심을 보고서로 정리하며 이렇게 적었다.

"그들은 역동적인 일자리 시장을 항해하는 데 도움이 되는 비상 계획을 세우는 일에 강박적으로 몰두한다."

게다가 Z세대들은 단순히 검소하기만 한 게 아니라 얻을 수 있는 최고의 가치를 적극적으로 찾아나선다. 글로벌 회계법인 언스트앤영Ernst&Young에서 성장전략팀을 이끄는 마시 메리맨Marcie Merriman은 경제전문지 〈비즈니스 인사이더Business Insider〉와의 인터뷰에서 이렇게 말했다.

"그들은 가격표에 적혀 있는 소비자 가격 그 너머를 들여다봅니다. 그만큼의 돈을 지불했을 때 어떤 서비스를 받을 수 있는지를 생각하는 거죠. 가령 무료배송 서비스가 제공되는지, 그밖에 부가적으로 제공되는 서비스는 무엇인지 등을 생각합니다."

Z세대의
신념은 무엇인가?

가족

다른 세대의 10대들과 달리 Z세대는 부모의 지혜를 신뢰하며 자신들의 관심사를 주저 없이 공유한다. 이들은 부모에게 거리감을 느끼는 대신 음악, 영화, TV 쇼를 자주 함께 즐긴다. 적어도 여러 사교 모임 사이에 시간이 빌 때는 그렇다는 얘기다. 18세인 엘리는 이러한 트렌드에 정확히 부합하는 Z세대다. 그녀는 이렇게 말한다.

"난 뭐든 부모님과 함께해요. 엄마 아빠가 내 일상에 대해 속속들이 알고 있는 게 좋아요. 숨기거나 감추는 건 없어요. 그 사실 하나만으로도 나와 부모님의 관계가 어떤지 설명이 된다고 생각해요."

세대별 양육 스타일과 그에 따른 자녀의 성향과 특성을 비교하면 매우 흥미로운 결과를 얻을 수 있다.

시장조사 기관 매지드Magid가 발표한 〈21세기의 첫 번째 세대〉라는 보고서에서 인용한 〈자료 1-6〉은 밀레니엄세대의 부모인 베이비부머세대와 Z세대의 부모 X세대 사이의 주요 차이점을 보여준다.

X세대 부모의 양육 스타일은 자녀가 가족과 깊은 관계를 형성

X세대 부모	베이비부머세대 부모
감시를 통한 보호	참여를 통한 보호
내 아이에게 최선은 무엇인가	자녀와 또래 아이들에게 최선은 무엇인가
자녀를 대상으로 성공하는 법에 대해 교육	아이들에게 성공에 필요한 요소 제공
현실적-네가 잘하는 것을 해라	염원-넌 뭐든 할 수 있다
한 명만 최고가 될 수 있다	모두 승자가 될 수 있다

자료 1-6 **X세대 양육법과 베이비부머세대 양육법의 비교**

하는 데 도움이 되었다. 2016년 마케팅 전문 기업 센시스Sensis는 Z세대가 가장 중요한 롤모델로 자기의 부모, 특히 어머니를 꼽았다는 내용의 보고서를 발표했다. 센시스는 히스패닉계, 아프리카계 미국인 Z세대에게서 이런 성향이 두드러진다고 덧붙였다. 이들의 80% 이상이 연예인과 공인 대신 부모를 자신의 영웅으로 꼽았다.

다양성과 평등

"우리 세대가 기억하는 첫 번째 대통령 선거는 2008년에 열린 선거였습니다. 여성인 힐러리 클린턴 후보가 아프리카계 미국인 남성인 버락 오바마 후보와 경쟁했던 선거였죠. 그걸 지켜보던 우리의 눈엔 이제 불가능한 건 없어 보였습니다."

- 그레이스 마스백

각각의 세대는 자신이 속한 세대를 정의하는 대의를 기반으로 행동한다. 베이비부머세대의 경우에는 반체제주의가, 밀레니엄세대에게는 환경이 그 대의였다. Z세대를 정의하는 대의는 인류의 평등이다.

2015년 미국의 대학 신입생을 대상으로 실시한 여론조사에 따르면, 오늘날 미국의 학생들은 50년 전 같은 여론조사가 처음 실시된 이래로 가장 정치적, 사회적 참여도가 높은 세대로 기록되었다.

Z세대는 인종 평등, 성 평등, 성적 지향성 평등을 수호하기 위해 언제든 거리 집회에 나선다. 특히 이 주제들을 관통하는 공통점은 하나같이 '정체성identity'이라는 대단히 중요한 주제와 관련이 있다.

이민법 개정, 노동법, 소득 평등과 같은 사회적 논쟁에 대해 눈에 보이는 영향력을 발휘하기엔 아직 이른 나이지만 오늘날 대부분의 10대들은 인종, 성, 성적 지향성 등에 대한 담론에 꾸준히 참여해왔다(자료 1-7 참고).

역사상 가장 높은 민족 다양성을 자랑하는 그들은 인종 간의 장벽이 점점 더 낮아지는 세상에서 성장해왔다. 그들은 피부색의

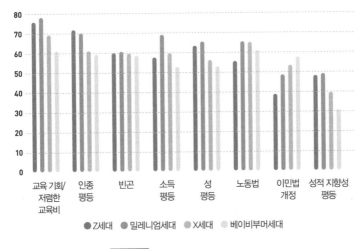

80
70
60
50
40
30
20
10
0

교육 기회/저렴한 교육비 　 인종 평등 　 빈곤 　 소득 평등 　 성 평등 　 노동법 　 이민법 개정 　 성적 지향성 평등

● Z세대　● 밀레니엄세대　● X세대　 베이비부머세대

자료 1-7　**세대별 주요 사회 현안**

차이가 존재한다는 개념 자체를 인정하고, 그 같은 차이를 재앙이 아니라 축복으로 여긴다. 애초에 차이가 존재하지 않는 척하거나 그 차이로 인해 갈등이 생기게끔 방치하지 않는 것이다.

또한 다소 보수적인 성향과는 대조적으로 Z세대는 평등권에 관해서는 대단히 왼쪽으로 치우친 입장을 고수한다. 워싱턴 DC에 본사를 둔 FTI 컨설팅이 실시한 연구 결과, Z세대 중에서도 투표권을 가진 연령대의 75%가 동성 간의 결혼에 찬성했고 83%가 트랜스젠더 평등권에 찬성했다.

또 다른 연구 결과에서 Z세대는 성을 남녀로만 나누는 이분법적 사고에 단호하게 반대한 것으로 나타났으며, 자신을 완전한 이성애자로 정의한 응답자 비율은 48%에 그쳤다. 이 항목에 대한 밀레니엄세대의 비율은 65%였다.

성공은
쟁취하는 것

"어려운 일일수록, 엄청난 투지와 결단력을 필요로 하는 일일수록, 그만한 가치가 있는 일임에 틀림없습니다. 그와 같은 목표를 달성할 때 진정한 만족감을 느낄 수 있어요."

– 리암 H. 17세

우리의 설문조사에서 10대 응답자의 절반 이상이 개인의 성공이 인생에서 가장 중요한 요소라는 항목에 동의했다. 이는 밀레니엄세대의 응답과 비교했을 때 거의 10%나 높은 비율이다(자료 1-8 참고).

개인의 성공을 중시하는 경향이 강해진 데는 소셜미디어의 영향이 크다. 좋은 일이 생기거나 누군가 성공했을 때 흔히들 소셜미디어에 소식을 공유하기 때문이다. Z세대는 '무소식이 희소식'이라는 오랜 속담을 뒤집어 놓고 있다. 오히려 이들의 모토는 '사진으로 증명할 수 없는 일은 일어난 적이 없다'이다. 개인적인 성공을 이토록 중요시하는 이들은, 공유할 만한 좋은 소식의 증거

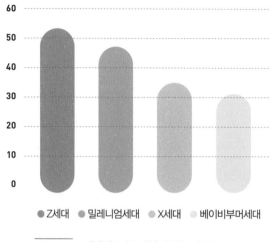

60
50
40
30
20
10
0

● Z세대 ● 밀레니엄세대 ● X세대 ● 베이비부머세대

자료 1-8   **세대별로 본 개인적 성공의 중요도**

역시 실제로 가지고 있다.

게다가 이 세대가 경험한 경제라고는 여전히 경기 침체의 여파를 벗어나지 못하고 부진을 거듭하는 현실 경제뿐이다. 금융위기가 최고조에 달했던 시기에 밀레니엄세대의 소비 관념은 '아껴야 잘 산다'였다. 필요하지 않은 물건을 사는 데 어렵게 번 돈을 쓰는 건 가치 있는 행동이 아니라는 의식이 팽배했고, 결과적으로 경험에 따른 교훈이 물욕을 앞질렀다.

그러나 Z세대는 아껴야 잘 산다는 생각을 '잘 벌어야 잘 산다'는 관점으로 바꿔가고 있다. 이들은 실용주의라는 렌즈를 통해 세상을 본다. 또한 이들은 실패가 만연한 세상을 피부로 느끼며 성장했기에, 오히려 실패를 특별히 의식하지 않는다.

여론조사 기관 퓨 리서치 센터Pew Research Center의 연구에 따르면, 긍정적인 뉴스 1건당 최대 17건의 부정적인 뉴스가 보도된다고 한다. 이렇듯이 Z세대는 항상 실패를 보며 성장했고, 이 같은 환경은 이들로 하여금 성공을 더욱 갈망하게 만들었다. 원하는 걸 얻는 데 무엇이 필요한지 정확히 이해한다는 점에서, Z세대는 조금도 순진하지 않다.

우리는 10대의 69%가 성공은 행운으로 얻는 게 아니라고 믿는다는 사실도 알 수 있었다. 이들이 세상을 다소 회의적이고 비판적인 시각으로 바라보는 X세대 부모 밑에서 가치 있는 것은 노력을 통해서만 얻을 수 있다고 배우며 자랐다는 사실을 감안하면 이런 현상은 그리 놀라운 일이 아니다.

다른 세대와 비교했을 때 Z세대는 개개인에 대한 보상을 훨씬 중요시한다. 그들에게 있어 성공이란 개인의 노력과 성취의 결과이자 대단히 개인적인 목표인 것이다. 자기 삶에서 가장 중요한 일들에 대해 순위를 매겨보라는 요청에, 이들은 학교 성적을 압도적인 1위로 꼽았고 다음으로 대학 입학을 꼽았다.

이는 그들의 현재 성장 단계가 반영된 결과일지도 모르지만, 그럼에도 불구하고 이 같은 순위는 오늘날 우리 청소년들이 어떤 신념을 가졌는지를 잘 보여준다.

Z세대는 밀레니엄세대가 자신의 열정을 현실에서 실현하려다

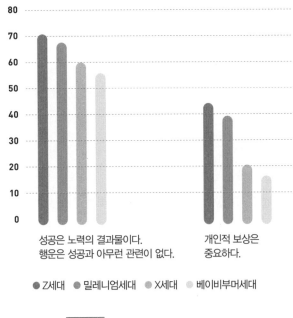

성공은 노력의 결과물이다.
행운은 성공과 아무런 관련이 없다.

개인적 보상은
중요하다.

● Z세대 ● 밀레니엄세대 ● X세대 ● 베이비부머세대

자료 1-9　**성취에 대한 세대별 신념**

실패하는 걸 지켜보며 자란 세대다. 그리고 우리는 지금 동기에
따라 움직이는, 신념이 확고한 세대가 개인의 성취에 대한 전통적
정서에 반항을 일으키며 성인이 되는 과정을 지켜보고 있다(자료
1-9 참고).

Z세대 파워
활용하기

요약하자면, 밀레니엄세대가 그랬던 것처럼 Z세대 역시 브랜드로 하여금 현대의 소비자들과 소통하는 것이 어떤 의미인지에 대해 다시 한번 생각하게 한다.

그들은 자신감 넘치는 세대다. 자신들의 지식, 다양성, 상식, 가족의 가치를 아는 세대다. 이들은 노력의 힘을 믿으며 기술은 작업의 효율성을 높여주는 도구에 불과하다는 사실을 잘 알고 있다.

이 책을 시작하면서 케이트 잭슨의 일상을 통해 엿보았듯, Z세대 앞에는 해야 할 일이 산더미 같이 쌓여 있다. 이들은 성공에 필요한 모든 노력을 다하면서 남에게 도움을 청하기를 주저하지 않는다. 또한 자신이 신뢰하는 사람으로부터 안내와 조언, 지지를 구한다.

이러한 열린 태도는 브랜드에게 완벽한 기회다. 이 세대에게 한 걸음 더 다가가 진정한, 그리고 오래 지속되는 가치를 창출할 기회 말이다. 이 점을 염두에 두고, 브랜드의 성공을 위해 어떤 준비를 해야 하는지 본격적으로 알아보도록 하자.

- **Z세대를 가장 잘 수식하는 단어는 '중심', 또는 '중추'이다.** 이들은 밀레니엄세대의 전형적인 행동과 성향을 뛰어넘으면서도 정석을 고집하는 왕년의 소비자들을 닮았다.

- **Z세대는 젊은이의 몸 안에 나이든 영혼이 깃든 세대다.** 정직하고 근면하며 돈, 교육, 커리어 발전 등 성공에 관한 한 보수적인 시각을 가졌다는 점에서, Z세대는 훨씬 앞선 세대를 닮았다.

- **Z세대에게 기술은 눈에 보이지 않는 것이어야 한다.** 빠른 속도와 매끄러운 사용자 경험이 대단히 중요하다. Z세대가 기술의 존재를 눈치챘다는 것은 브랜드가 뭔가를 잘못하고 있다는 뜻이다.

- **Z세대에게 평등은 협상의 대상이 아니다.** 이들은 개개인의 차이를 축복이라고 여긴다. 자신이 좋아하는 브랜드 역시 자신과 같은 기준으로 평등과 포용을 수호하기를 기대한다.

- **Z세대는 1킬로미터 떨어진 곳에서도 마케팅의 냄새를 감지할 수 있다.** 그러니 이들을 상대로 그동안 마케팅의 기본으로 여겨져 온 격언인 '반드시 계약을 체결할' 궁리는 잊고 '반드시 협력할' 방법을 고민하자. 마케팅의 새로운 목표는 이제 협력을 기대하는 노련한 소비자들과 협력하는 것이다.

2장

날 때부터 모바일·소셜세대

"밀레니엄세대는 나이가 들면서 점차 기술에 적응했습니다. 처음엔 노트북 컴퓨터였고, 그 다음은 MP3, 태블릿PC, 그리고 스마트폰으로 점차 진화한 것이죠. 반면 Z세대는 온전한 첫 번째 디지털 세대라고 볼 수 있습니다. 친구들과 영상 통화를 즐기면서 엄마에게 문자 메시지 보내고, 동시에 피자 주문을 할 수 있는 첫 번째 세대 말입니다."

─코너 블래클리

이전 세대들에게 Z세대는 처음부터 최신 스마트폰 사용 능력을 가지고 태어난 것으로 보인다. 물론 과장 섞인 표현이지만, 이 세대에게 이런 기술을 가르친 사람이 아무도 없는 것 같은 기분은 무슨 까닭일까?

어찌된 일인지 Z세대는 말보다 스마트폰 조작법을 먼저 배우게 되었다. TV 앞에 앉아 만화영화를 보며 성장하는 대신, 유아기 시절부터 자동차 안에서, 식당에서, 엄마 아빠에게 휴식이 필요할 때마다 손에 쥐어진 스마트폰이나 태블릿PC를 보며 성장한 탓이리라. 이들의 오락거리는 거실에만 있는 게 아니라 손바닥 위에도 존재했다. 원할 때면 언제든 말이다.

Z세대가 모바일 기기를 무엇보다 중요시한다는 사실에는 의심할 여지가 없다. 이들이 아는 세상은 스마트폰과 태블릿PC가 늘 존재하고, 언제 어디서든 인터넷에 쉽게 접속할 수 있는 곳이다.

IBM 부설 기업가치연구소IBM Institute for Business Value는 미국유통협회National Retail Federation와의 공동연구를 통해, 설문에 참여한 청소년 소비자의 75%가 자신에게 가장 중요한 전자 기기로 스마트폰을 꼽았다고 밝혔다. 이는 인터넷과 소셜미디어에 언제든 연결되고 싶어 하는 이들의 욕구를 잘 보여주는 결과다(자료 2-1 참고).

대부분의 Z세대에게 생애 첫 번째 '셀카'는 초음파 사진이었다. 첫 걸음마를 떼기도 전에 디지털 족적을 맨 먼저 남긴 것이다. 농담 삼아 꺼낸 얘기가 아니다. Z세대의 90% 이상이 자신의 디지털 영토에 대한 권리를 분명히 주장하고 나섰으며, 그런 점에서 기성세대는 대부분의 Z세대가 일찍부터 자신들의 디지털 영토를 넓혀준 부모에게 고마움을 느낄 거라고 생각한다.

반면 어린 자녀의 사진을 자신의 계정에 올리는 부모들 중에는 자녀의 이름으로 인스타그램 계정을 생성하고 심지어 아이 스스로 한 것처럼 게시물을 올리는 경우도 많다. 이 같은 현상은 지나친 사생활 공유 욕심과 자녀를 보호하고 싶은 마음 사이에서 갈등하는 부모들에게 논쟁거리가 되기도 했다.

75% 스마트폰

45% 노트북 컴퓨터

30% 데스크탑 컴퓨터

10% 태블릿PC

08% XBOX 게임 콘솔

03% 대화형 스마트 TV

01% 웨어러블 기기

자료 2-1 **Z세대가 가장 빈번하게 활용하는 기기들**

어찌 됐건 소셜미디어는 Z세대의 오랜 친구가 되어주었고 가족, 학교, 심지어 연인과 데이트한 일까지 모든 일상을 기록하는 도구가 되었다.

또한 소셜미디어는 Z세대가 세상과 관계를 맺는 방식에도 큰 영향을 미쳤다. Z세대는 친숙한 디지털 세상을 신뢰하면서도 동시에 지속적인 사생활 노출은 피하고 싶어 한다. 이 같은 내적 갈등은 자신감과 불안정함을 동시에 가지고 소통과 사생활 보호를 동시에 추구하는 세대를 탄생시켰다.

소셜미디어는 더 이상 기술적인 도구도, 미디어도 아니다. 그저 사회생활을 영위하는 데 있어 가장 편리한 수단, 즉 '사회화'의 도구이자 이 세대가 친구나 가족과 소통하고 전 세계와 관계를 맺고 재미를 추구하는 방식일 뿐이다.

그렇기에 전통적인 광고, 상업적 마케팅, 진부한 메시지를 소셜미디어에 단순 적용하는 방식으로는 이들의 관심을 끌기 어렵다. Z세대가 자신들의 니즈에 맞춰 바쁜 일상을 소셜미디어에 매끄럽게 녹아낼 수 있도록 창의적이고 유연한 접근 방식이 필요하다.

Z세대의
소셜라이프 스토리

인류 문명은 언제나 기술 발전과 반대로 흘러갔다. 심지어 소크라테스마저 지식은 오직 대화를 통해서만 습득할 수 있다는 확신에 찬 나머지 글쓰기의 발전을 반대했다. 그는 우리가 뭔가를 적기 시작하면, 어떤 사건에 대한 글쓴이의 기억력이 왜곡되어 일차원적으로 바뀐다고 주장했다. 그러나 그의 주장과는 반대로 글쓰기는 우리 문명과 사회 발전에 매우 중요한 역할을 했다.

인터넷 역시 인간을 바보로 만들 잠재력을 가졌다는 이유로 논란의 중심에 섰던 적이 있다. 웹web이 우리 일상의 일부가 된 이후 소셜미디어가 부상했고, 이 역시 마찬가지로 인류에게 끼칠 수 있는 부정적 영향에 대한 유사한 논란을 낳았다.

하지만 앞에서 다루었듯이, 각종 경고나 견제와는 별개로, 소셜미디어는 단지 자연스러운 사회적 활동을 가능하게 하는 도구일 뿐이다. 비록 그 규모가 아주 크긴 해도 말이다.

물론 분명히 부정적인 측면도 있다. CNN이 진행한 연구에 따르면, 13세가량의 아이들은 하루에 많게는 최대 100번까지 소셜미디어 계정을 확인한다고 한다. 이 결과를 받아든 연구자들은 소셜미디어의 중독성 문제를 거론하기도 했다.

또한 소셜미디어는 각 개인이 스스로에 대해 생각하는 방식에 직접적으로 영향을 미친다. 소셜미디어를 자주 확인하는 사용 패턴이 자존감 문제로 이어져서 심하면 우울증까지 일으킬 수 있다는 것이다.

부모와 교사, 정신건강 전문가들은 모두 소셜미디어가 Z세대에게 긍정적인 영향을 미치는지, 아니면 부정적인 영향을 미치는지에 대해 지속적으로 의문을 제기하고 있다. 특히 Z세대의 대다수가 아직은 여전히 10대, 다시 말해서 자아 형성 단계에 머물러 있기 때문이다. 이 논쟁에 관해서는 양측의 의견 대립이 팽팽하다.

베스트셀러《아메리칸 걸 : 소셜미디어와 10대들의 비밀American Girls : Social media and the secret lives of teenagers》의 저자이자 언론인인 낸시 세일즈Nancy Sales는 일부 10대들은 소셜미디어를 사용하며 더 큰 힘을 얻고 더 많은 사람과 소통하게 되었다고 느끼지만, 사이버 괴롭힘의 피해자가 된 청소년도 있다고 지적한다.

반면 마케팅 전문가 게리 바이너척Gary Vaynerchuk은 2016년 자신의 블로그에 이렇게 썼다.

"기술은 우리를 바꾼 게 아니라 우리가 어떻게든 성취했을 일들을 더 쉽게 할 수 있게 도와주고 있는 것뿐입니다."

그는 Z세대의 사회화 능력과 이들이 실제 세상과 느끼는 괴리감에 대해 우려하는 사람들에게도 이렇게 말했다.

"학교에서 친구가 없던 아이들이 이제 소셜플랫폼을 통해 온라인 친구를 사귈 기회를 얻게 된 것 아닌가요? 인터넷에서는 마음에 맞는 친구나 공동체를 찾아 소통하는 일이 클릭 한 번으로 이루어지니 말입니다."

바이너척은 기술의 진화에 대해서도 설득력 있는 주장을 내놓았다.

"새로운 미디어가 탄생할 때마다 그 발명품이 사회를 망쳐놓을지 모른다는 건전한 두려움이 뒤따르기 마련입니다. 그러나 인간은 언제까지나 새로운 흥밋거리를 찾아 나서고, 미디어를 소비하고, 서로 소통할 것입니다. 그건 변치 않을 사실이니까요."

침착하고 쿨하게 소통한다

Z세대는 휴대폰을 통해 페이스북이나 구글 같은 도구를 자유자재로 사용한다. '온전히 보고, 듣고, 몸짓으로 대화를 나누는' 소통을 위해 이들이 한 장소에서 만날 필요는 없다. 스마트폰과 소셜미디어가 있는 세상이 아닌가.

2017년에 IBM 연구소가 미국유통협회와 공동으로 실시한 연구에 따르면, Z세대가 다양한 용도로 모바일 기기를 사용하고 있긴 하지만 응답자의 73%가 주로 문자 메시지와 채팅 용도로 사용한다고 답했다.

같은 연구를 통해 10대들의 소셜미디어 소통이 전반적으로 친구와 가족을 중심으로 이루어지며, 친구가 올린 글에 댓글을 남기거나 사진, 동영상, 의견, 그리고 노래 및 음악 재생 목록 링크를 공유하는 방식으로 자신을 표현한다는 사실도 알 수 있었다. 이 같은 결과는 소통이라는 인간의 기본적인 욕구에 대한 그들의 열망을 반영한다.

이러한 현상을 놓고, 앞서 예로 든 책 《Z세대 효과》는 'Z세대라는 파도에 대항하는 것은 쓰나미에 대항하는 것과 같다'고 경고했다. Z세대가 삶을 대하는 태도와 그 때문에 일어나는 모든 사회적 현상에 대해 기성세대가 Z세대와 똑같은 시각에서 바라볼 필요가 있다는 것을 의미한다.

경험

사회적 인정 욕구에 따라 움직이는 Z세대는 콘서트나 스포츠 행사 관람, 외식, 여행, 친구들과 핫한 곳에서 보낸 시간 등 자신이 경험한 재미있는 일들을 다른 사람들에게 과시하고 싶어 한다.

리테일 퍼셉션즈Retail Perceptions가 2016년에 실시한 연구에서 Z세대의 62%가 물질보다 경험에 돈을 쓰는 걸 선호한다고 응답했다.

또한 응답자의 절반가량이 매주 친구들과 다양한 경험을 하는 데 돈을 소비한다고 답했다. 친구들과의 소통이 오늘날 10대들의 주요 소비 범주 중 하나로 자리 잡았다는 얘기다.

사용자의 실제 소셜라이프가 훌륭해야만 소셜미디어도 발전할 수 있다. Z세대는 이 점을 충분히 인지하고 있는 것이다. 마케팅 에이전시 바클리Barkley의 프로젝트 총괄 책임자 조 콕스Joe Cox는 이렇게 설명한다.

"그들은 경험 수집가이며 소셜서클 안에서 친구나 팔로워들을 통해 인기를 늘리는 데 그 경험들을 활용합니다."

소셜미디어는 사용자로 하여금 '가장 멋진 버전의 내 모습'만 보여줘야 한다는 강박을 가지게 하는데, 이 같은 현상을 '인스타그램 효과'라고 부른다. 이러한 효과가 난데없이 등장한 건 아니다. 오늘날의 10대들은 가장 멋지게 나온 사진 한 장을 건지기 위해 수도 없이 많은 사진을 찍는다고 당당하게 인정한다.

방콕에서 활동하는 사진작가 촘푸 바리톤Chompoo Baritone은 '인
스타그램 효과'라는 아이디어에 매료되어 이를 잘 보여주는 사진
시리즈를 만들어냈고, 해당 시리즈는 이내 디지털 세계 곳곳으로
퍼져 나갔다(자료 2-2 참고).

사진들은 완벽하게 편집된 프레임 밖에서 실제로 벌어지는 일
들을 보여준다. Z세대는 이 작가의 사진들에 관심을 보였고, 자신
의 네트워크로 가감 없이 실어 날랐다.

조금은 우습고, 조금은 황당해 보일지 모르는 바리톤의 작품은

자료 2-2 촘푸 바리톤의 '인스타그램 효과' 사진 시리즈를 일러스트로 표현

소셜라이프가 가지는 실제 가치들을 사뭇 진지하게 반영하고 있다. 그녀의 작품과, 그 작품이 비판한 집단이 보여준 포용력은 이 세대가 가진 야심과 진정성을 여실히 보여준다.

교육

Z세대는 뛰어난 학습 능력을 타고났을 뿐만 아니라 배움의 기회를 찾아 나서고, 배움 자체를 즐기는 세대로 잘 알려져 있다. 이들은 채워지지 않는 배움에 대한 열망, 또는 그 바탕에 깔린 대의를 충족시키는 일에 기술과 모바일 연결성을 활용한다. 손가락만 까딱하면 즉시 지천에 널린 정보를 얻을 수 있으니, 피할 수 없는 선택이기도 하다.

앤지라는 여성은 17세 아들의 방문을 열던 날의 풍경을 회상한다. 책과 종이뭉치를 펼친 채 책상 앞에 앉아 공부하고 있을 아들을 기대했던 그녀는, 노트북을 펼친 채 침대에 대자로 누워 있는 아이를 보고 깜짝 놀랐다. 그뿐이 아니었다. TV는 켜져 있고, 아들의 손에는 스마트폰이 들려 있었다.

그녀는 같은 상황에 처했을 부모라면 마땅히 보였을 법한 반응을 보였다. 험악한 말을 몇 마디 보태며 빈둥대지 말고 당장 공부를 시작하라고 혼을 낸 것이다. 그러자 아이가 그녀를 향해 돌아눕더니 이렇게 대답했다.

"엄마, 지금 공부하는 중이에요."

아이는 실제로 공부 중이었다. 아이의 노트북에는 공부 중이던 화면이 켜져 있었고, 스마트폰으로 정보를 검색 중이었으며, TV는 그저 주변 소음일 뿐이었다. 그 순간 앤지는 자신이 공부하던 옛날 방식의 학습 환경은 더 이상 효과가 없다는 사실을 깨달았다.

교사들이 변화하는 환경의 속도를 따라잡지 못한다고 불평하는 학생도 가끔 있지만, 교육자들 역시 새로운 환경에 적응 중이다. Z세대의 수학 문제 풀이나 작문 실력 다듬기는 모두 온라인에서 이루어진다.

어느 연구에 따르면, 이 세대의 52%가 유튜브를 활용해서 온라인 강의의 부족한 부분을 메운다고 한다. 교사와 학생들이 교육용 소프트웨어와 모바일 앱을 활용한 덕분에 교육용 앱은 애플의 아이튠즈 앱 스토어에서 세 번째로 큰 카테고리가 되었다.

인기 있는 학습 도구인 퀴즈렛Quizlet은 웹사이트로도 제공되며 무료 플래시 카드그림·글자 등이 적힌 학습용 카드와 학습용 게임을 통해 학생들이 진도에 맞춰 공부할 수 있도록 도와준다.

2007년 1월에 공식 오픈한 퀴즈렛에서, 2015년 11월까지 1억 명의 사용자가 플래시 카드 세트를 이용했다. 현재 매월 4,000만 명 이상이 퀴즈렛을 방문하며 사용자의 3분의 1이 18세 이하인 학생들이다.

외국어 학습 분야에서 가장 인기 있는 학습 도구인 듀오링고 Duolingo는 아이튠즈의 교육용 앱 카테고리에서 항상 상위 5위에 들 만큼 인기를 끌고 있다. 무료로 제공되는 이 앱은 23개 언어를 대상으로 읽기, 쓰기, 말하기 능력 향상을 위한 학습용 게임을 제 공한다.

이 같은 현상이 기업의 브랜드에 시사하는 바는 무엇일까? 답 은, 이 도구들이 배움과 발전에 대한 Z세대의 갈증을 채워준다는 것이다. 기술 개발이 되었든, 동시대의 철학이나 트렌드를 가르치 는 일이 되었든, 브랜드는 Z세대에게 가치 있는 도구를 제공해야 한다. 어느 세대보다 배움을 추구하는 그들에게 더욱 쉽게 학습 할 수 있는 방법을 마련하는 게 무엇보다 중요하다.

세상을 바꾼다

Z세대가 가진 여러 가지 특징 중에서도 가장 눈에 띄는 것은 변화 를 향한, 그리고 새로운 세상을 향한 이들의 진심 어린 열정이다.

이 세대를 정의하는 특징은 '공동체 의식'이다. 오죽하면 이들 을 '필랜스러틴philanthroteen'이라고 부르겠는가. 이 신조어는 자선 활동을 뜻하는 '필랜스러피philanthropy'와 10대를 뜻하는 '틴teen' 의 합성어다. 오늘날 10대들은 미래의 언젠가 세상을 바꾸겠다며

꿈만 꾸지 않는다. 이들은 이미 행동에 나섰다. 그리고 그 과정의 중심에서 소셜미디어가 활용되고 있다.

100만 명 이상의 사람들이 페이스북의 '스탠딩 록 인디언 보호구역Standing Rock Indian Reservation' 페이지를 방문했다. 이는 인디언 부족을 알리고, 인디언 거주구역을 관통하는 송유관 설치 계획을 무효화하기 위해 인디언 원주민과 시민단체가 정부를 상대로 함께 싸운 사건이었다. 결국 미국 정부는 이 사업의 무효화를 선언했다. 그 100만 명 중 대다수가 Z세대였다.

'아이스 버킷 챌린지Ice Bucket Challenge'를 기억하는가? 이 운동 역시 무엇이든 급속도로 퍼지는 소셜미디어 현상 덕분에 세상에 알려졌다.

미국 루게릭병협회에서 처음 시작한 이 운동은 Z세대를 포함한 소셜미디어 사용자가 이미 아이스 버킷 챌린지를 행한 누군가에게 지목을 받으면 24시간 내에 협회에 100달러를 후원한 다음, 얼음처럼 차가운 물이 가득 든 양동이를 자신의 머리 위에 거꾸로 쏟아 붓는 동영상을 촬영하고 이를 페이스북에 공유하는 방식으로 참여가 이루어졌다. 이 운동을 통해 전 세계적으로 총 2억 2천만 달러의 연구 기금이 모였다.

앞에서 소개한 그레이스 마스백은 Z세대의 강한 공동체 의식이 경기 침체기를 헤쳐 나가게 할 한줄기 빛이라고 믿고 있다.

"우리는 금융위기로 인해 우리 가정이, 공동체가, 세상이 어떤 어려움을 겪게 되는지를 똑똑히 지켜봤습니다. 우리가 겪은 세상보다 더 나은 세상을 물려주고 싶다는 의지 덕분에 공동체 의식은 학교나 교회, 가정에서 지켜야 하는 규범이 아닌 자연스럽고 자발적인 흐름이 되었습니다. 우리는 우리가 받은 만큼 돌려주고 싶습니다. 바로 지금, 바로 여기에서요."

마스백은 자신의 저서에 나디야 오카모토Nadya Okamoto라는 친구의 이야기를 실었다. 오리건 주 포틀랜드 출신의 18세 소녀 오카모토는 '카미온즈 오브 케어Camions of Care'의 설립자로 다양한 프로젝트를 총괄하고 있다.

그녀는 대학 1학년 때 청년 주도 글로벌 비영리단체인 'PERIOD'를 조직하고 여성 건강관리를 테마로 활동했다. 현재 이 단체는 여성의 월경에 관한 활동에 앞장서고 있다. 특히 월경이 축복할 만한 일이라는 인식을 높이고 전 세계에 생리대를 배포하는 운동을 하고 있다. 오카모토는 페이스북, 트위터, 인스타그램을 활용해서 이 단체를 홍보하고, 국가별 지부 설립 등을 주도하고 있다.

이처럼 공익을 위해 헌신하는 오카모토가 수천 명이나 더 있다. 모든 Z세대가 오카모토를 비롯해 그녀의 야심만만한 동료들처럼 행동할 수는 없겠지만, 대부분의 Z세대는 자신들이 받은 것을 사회에 환원하는 게 당연하다고 믿는다.

미국과 영국의 10들을 대상으로 진행한 2015년 〈카산드라 리포트〉에서 10대의 49%가 적어도 한 달에 한 번은 자원봉사 활동을 한다고 응답했으며, 심지어 20%가 언젠가 직접 자선사업을 시작하고 싶다는 뜻을 밝혔다.

검소한 세대임에는 분명하나 이들은 마음이 향하는 곳에는 주저하지 않고 돈을 쓰는 세대이기도 하다. 같은 보고서에서 응답자의 26%가 대의를 위해 기금 모금운동을 벌인 적이 있다고 밝혔고, 32%가 자신의 돈을 기부한 적이 있다고 응답했다.

그뿐만 아니라 응답자의 39%가 자선과 관련된 활동에 투자하는 시간과 돈은 성공을 위한 수단이라고 답했다. 17세인 룰루 세론Lulu Cerone은 '목적이 있는 파티'를 개최하는 방법을 소개하는 《자선파티! 사회에 환원하고 싶은 청소년들을 위한 파티 플래닝 가이드Philanthro Parties! A Party-planning guide for kids who want to give back》라는 책에서, 10대들에게 사회 활동에 소셜미디어를 활용하고 스스로 고안한 재미있는 방식으로 각자가 속한 공동체에 영향력을 발휘할 것을 조언했다.

비영리단체 'DoSomething.org'는 Z세대의 사회 참여 및 환원 욕구를 인지하고 이들에게 세상을 바꿀 수 있는 손쉬운 방법을 제시하기 위해 설립되었다.

사용자들은 해당 웹사이트를 방문해서 현재 진행 중인 수백 개의 온·오프라인 캠페인 중에서 원하는 것을 선택하기만 하면 된다. 해당 캠페인에 참여했다는 사실을 사진으로 공유하거나 과제를 완수하는 방식을 통해 입증하면, 이들은 장학금을 받는 데 필요한 점수와 인증서를 얻을 수 있다. 이는 Z세대가 원하는, 실체가 있는 성공 방식이다.

Z세대의 마음을 얻기 위해 고군분투하는 브랜드라면 'Boxed Water'의 웹사이트에서 힌트를 얻는 건 어떨까? 이 기업은 세상을 더 나은 곳으로 만드는 것을 최우선 과제로 하고, 자사의 이익은 그 다음으로 둔다.

기업 'Boxed Water'는 숭고한 대의를 제품과 브랜드에 담아내는 전략으로 Z세대에게 인기를 얻었다. 이 기업은 생수를 플라스틱 병이 아닌 종이팩에 담아 판매하며 '더 나은 지구를 위한 생수 박스Boxed Water is Better'라는 슬로건을 전 제품에 새겨왔다.

또한 제품 판매를 통해 얻은 수익으로 2020년까지 100만 그루의 나무를 심겠다는 약속을 내걸었다. 이 같은 활동은 소비자가 자사의 물을 구매하는 것만으로도 지구의 지속 가능성과 환경 개선을 지원하고 있음을 알리기 위함이다.

게임

모바일 기기나 소셜미디어와 관련된 가장 흔한 형태의 오락거리는 바로 온라인 게임이다. 특히 Z세대에게 온라인 게임은 아주 중요한 일상으로, 실제로 Z세대의 66% 이상이 취미가 온라인 게임이라고 자랑스럽게 응답할 정도다.

대중의 편견과는 달리 게임은 더 이상 불량한 아이들이 지하실에서 즐기는 오락거리가 아니다. 사례를 하나 들자면, 2016년 여름 포켓몬 고Pokémon Go라는 게임은 10대들, 그리고 그들의 가족 전체가 손에 스마트폰을 하나씩 들고 집 밖으로 나서게 만들었다. 동네에 흩어진 포켓몬 캐릭터 사냥에 푹 빠졌던 것이다.

증강현실AR; Augmented Reality 기술을 활용한 포켓몬 고는 현실과 디지털 세상의 만남을 동물 사냥 형태로 구현해낸 첫 번째 게임이었다. 전통적인 방식의 마케팅을 최소화했음에도 불구하고, 포켓몬 고는 런칭 하루 만에 애플의 앱 스토어와 구글 플레이에서 가장 인기 있는 게임으로 등극했다.

눈여겨볼 것은 트위터나 페이스북보다 메시지 앱과 스냅챗을 통한 입소문이 빠르게 퍼졌다는 것이다. 이는 이 문화 현상을 이끄는 것이 바로 Z세대라는 반증이었다.

부모들은 아직 컴퓨터 게임은 시간낭비라는 입장을 고수하지만, 10대들에게 디지털 오락은 교우관계를 형성하고 유지하는 필수적인 매개체로 자리 잡았다. 실제로 퓨 리서치 센터가 2015년 실시한 연구에 따르면 10대의 50% 이상이 온라인에서 새로운 친구를 사귄다.

유머

재미와 유머는 다르다. Z세대와 5분만 시간을 보내면서 그들에게 웃기는 동영상을 보여 달라고 해보라. 우스운 고양이가 나오는 동영상에 웃음을 터뜨릴 준비를 하고 있는 당신은, 그들이 보여주는 괴상망측한 영상을 보고 웃기는커녕 뒤통수를 긁적일지 모르겠다.

2015년 〈패스트 컴퍼니〉에 실린 기사에서 디자인 기술 전문 기업 퍼스트본 멀티미디어 코퍼레이션Firstborn Multimidea Corporation의 수석 전략가 스콧 포겔Scott Fogel은 이렇게 말했다.

"Z세대는 괴상하고 정신 나간 것 같은 감성이 담긴 것들을 좋아합니다. 예를 들어 스스로를 비하하거나 조금은 엉뚱한 사람이나 괴짜처럼 보이도록 하는 동영상을 만드는 거죠. 밀레니엄 세대가 자신을 괴상한 사람처럼 보이게 만들 만한 뭔가를 소셜 미디어에 올리는 일은 흔치 않습니다. 하지만 일생을 검열 없는 미디어를 접하며 보낸 이들 세대는 이전 세대가 한 번도 들어보지 못한 방식을 개발해서 자신들의 은밀한 사생활을 노출하고 있습니다."

유머와 자기비하를 적절히 혼합해서 내재화한 브랜드의 경우, Z세대에게 더 크게 어필할 수 있다. 하지만 유행어나 10대들이 흔히 쓰는 속어를 남발하는 식으로 그들의 비위를 맞추려 들지는 마라. 그러면 당신의 브랜드가 '지나치게 애를 쓴다'는 이유로 즉시 내쳐질지 모르니 말이다.

재미

마지막으로, 소셜미디어는 재미와 오락을 모두 즐길 수 있는 공간을 제공한다. 어느 세대의 10대든, 그들은 뭐든 축하하고 즐긴다. 이미 성인이 된 사람들은 대부분 사춘기, 친구들과의 경쟁, 숙제, 시험으로 가득했던 10대 시절로 다시 돌아가고 싶지 않을 테지만, 인상을 찌푸리게 하는 기억들을 제외하면 그 시절의 최우선 순위는 언제나 '재미'였다는 사실을 떠올리게 된다.

소셜미디어에 모든 것을 걸지 마라

Z세대의 세상이 그들의 손바닥 위에 있는 것은 사실이지만, 이들 모두가 소셜미디어를 숭배한다고 생각한다면 오산이다. 그레이스 마스백은 개인적으로 소셜미디어를 그다지 좋아하지 않는다. 그녀의 친구들 역시 마찬가지다.

마스백은 직접 집필한 책에서 Z세대를 세 가지 부류로 나눴다. 첫 번째 부류는 소셜라이프에 강박증을 가진 사람들이다. 소셜미디어에 일상을 공유하는 것은 이들의 취미다. 마치 스마트폰이 손에 붙어 있기라도 한 듯 떼어놓지 못하고, 스냅챗에서 3일 연속으로 사진 스냅을 주고받았을 때 주어지는 스티커를 얻는 데 집착하며, 오래된 인스타그램 사진들을 정기적으로 지운다.

두 번째 부류는 소셜미디어를 통해 인기를 끄는 것에 대해 관심은 있지만 지나치게 신경 쓰지는 않는 사람들이다. 이들은 친구들과 소식을 주고받기 위해 소셜미디어에 접속하거나 종종 게시물을 공유하기도 한다.

마지막 부류는 소셜미디어 계정을 갖고는 있지만 거의 쓰지 않는 사람들이다. 이들은 소셜미디어를 선별적으로 사용한다. 맨 앞에서 소개되었던 케이트 잭슨은 이 부류에 속하는 Z세대다.

마스백은 또한 각 브랜드가 Z세대의 전형적인 특징, 즉 이들이 얼마나 바쁜 세대인지를 이해하길 원한다.

"우린 소셜미디어에 모든 시간을 쏟아부을 만큼 한가하지 않아요. 학교, 운동, 방과 후 활동, 봉사 활동, 여기에 우리가 시작한 사업까지 신경 써야 하니까요."

퓨처캐스트FutureCast와 바클리의 〈Z세대 알아가기〉 보고서가 보여주듯, Z세대는 자신의 우선순위가 무엇인지 잘 알고 있다. 이들은 학교 공부에 욕심내며, 성적에 가장 높은 우선순위를 부여

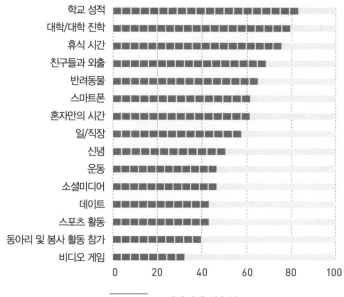

자료 2-3 **Z세대의 우선순위**

한다. 그 다음은 대학 진학이다. 소셜미디어는 우선순위 목록에서도 하위권에 있다(자료 2-3 참고).

현실 속
소셜라이프

"소셜미디어를 통해 친구의 소식을 듣는 것보다 실제로 만나는 게 당연히 더 좋죠. 진짜 만나야 더 가까운 기분이 드니까요. 문자 메시지로 단순한 말을 나누는 것보다 친구들과 함께 얼굴을 맞대고 웃고 진짜 감정이 담긴 반응을 보는 게 훨씬 좋습니다. 그들이 진짜 웃은 건지, 아니면 할 말이 없어서 그냥 그렇게 반응한 건지 어떻게 알겠어요?"

— 그레타 J, 15세

Z세대라고 하루 종일 스마트폰에 코를 박고 지내는 건 아니다. 2017년 IBM 연구소가 발표한 〈유일무이한 Z세대〉 보고서는, 온라인에서든 오프라인에서든 사회화가 Z세대에게 중요한 요소라는 사실을 보여준다(자료 2-4 참고).

2016년 과학잡지 〈사이언티픽 아메리칸Scientific American〉에 실린 기사에서 작가이자 심리학자인 니콜라스 카다라스Nicolas Kardaras는 이렇게 말했다.

"사회적 연결성은 인간이 인간이기 위해 필요한 가장 핵심적인 요소일 뿐만 아니라 행복과 건강을 유지하는 데에도 중요합니다. 미국에서는 매초마다 7,500개 이상의 트윗, 1,394건 이상의 인스타그램 사진, 200만 개가 넘는 이메일이 오가며 유튜브 동영상의 시청 횟수는 119,000건이 넘습니다."

그는 우리가 그 어느 때보다 긴밀하게 연결된 사회를 살고 있

온라인에서 보내는 시간
74%

TV 시청 또는 영화감상
44%

친구들과 보내는 시간
44%

가족과 보내는 시간
44%

용돈 벌이
29%

책, 잡지, 신문 읽기
25%

건강한 몸매 유지를 위한 운동
23%

방과 후 활동 참가
23%

새로운 것 배우기
22%

자원봉사 활동
8%

종교 활동 참가
7%

동아리 활동 참가
6%

5   100

자료 2-4   **학교 및 직장 밖에서 보내는 시간**

으며, 이 모든 것이 소셜미디어 덕분이라고 했다. 이 필수적인 사
회적 연결이 디지털 환경에서만 가능하다는 점을 고려하면 소셜

미디어가 Z세대의 사회화에 미치는 막대한 영향력은 사실 놀랄 일도 아닌 것이다.

소셜미디어에 거는 기대

Z세대는 자신의 니즈를 자신이 원할 때 충족시키고 싶어 한다. 소비자가 언제 서비스를 요청하든 해당 서비스를 즉각적으로 제공하는 온 디맨드on-demand 기업들이 인기를 끄는 이유도 바로 여기에 있다.

온 디맨드

수요자가 원하는 물품이나 서비스를 곧바로 공급하는 비즈니스 모델을 뜻하는 온 디맨드는 2002년에 IBM의 차세대 사업 전략으로 제시되면서 트렌드로 떠올랐다.

가령 배가 고플 때는 딜리버루Deliveroo나 포스트메이츠Postmates 와 같은 배달 앱을 통해 음식을 주문하면 몇 분 안에 주문한 음식을 받아볼 수 있다. 부모님이 바쁘셔서 자녀를 목적지까지 태워줄

여력이 안 된다면 어떻게 할까? 걱정 없다. 우버Uber나 리프트Lyft 같은 운송수단 앱이 있으니 말이다. 잠시 느긋하게 쉬고 싶은가? 넷플릭스Netflix나 훌루Hulu 같은 동영상 앱으로 휴식이 필요할 때면 언제든 소파에 누워 재미있는 프로그램을 감상할 수 있다.

이게 전부가 아니다. 틴더Tinder 같은 데이트 앱은 당신이 내킬 때면 언제든 데이트를 주선해준다. 10대들에게 데이트 앱은 좀 지나친 면이 있지만, 요점은 짚었으리라 생각한다.

그러나 모든 일엔 장단점이 있는 법이다. 터치 한 번이면 거의 모든 게 가능해진 세상에 사는 Z세대는 그만큼 인내심도 짧다.

2017년 IBM 연구소가 진행한 연구에서, 작업 속도가 지나치게 느린 앱이나 웹사이트는 사용하지 않겠다고 답한 응답자가 전체 응답자의 65%를 차지했다. Z세대는 즉각적인 만족감을 원한다는 얘기다. 그렇기에 마케팅 담당자들이 손에 쥔 선택지는 하나뿐이다. 그건 바로 이들이 원하는 답을 즉각적으로 제공하는 것이다.

속도 외에도 Z세대의 기대를 충족시키기 위해 브랜드가 신경 써야 할 요소는 한두 가지가 아니다. Z세대는 브랜드가 자신들이 즐겨 사용하는 소셜미디어에서도 거짓되거나 과장된 이미지가 아닌 진정성을 유지하기를 기대한다. '진짜'를 바라는 것이다.

진정성

현실적으로 생각해보자. Z세대는 진정성을 지향하고 고무하는 플랫폼을 선호하며, 브랜드 역시 자신들과 같기를 바란다.

2016년 〈포춘Fortune〉에 실린 한 기사에서, 청소년들에게 동기부여를 줄 목적으로 설립된 비영리재단 모티베이트 유스Motivate Youth의 청소년 마케팅 담당 부사장 그레그 위트Gregg Witt는 이렇게 말했다.

"내가 보기에 브랜드들이 소셜미디어 전략을 세우는 과정에서 저지르는 가장 큰 실수는, 독특한 캐릭터를 만드는 방식으로 기업 이미지를 억지로 꾸며낸다는 겁니다. Z세대는 진짜를 원합니다. 투명성을 바라죠. 무엇보다도 Z세대는 독창성을 원합니다."

브랜드에 도움이 될 만한 사례로, 그레그 위트는 청바지 브랜드 리바이스Levi's의 사례를 소개했다. 리바이스는 브랜드 홍보대사 선정에 뛰어난 전략을 발휘하는 브랜드로 유명하다.

리바이스는 인기 있는 인플루언서나 많은 팔로워를 거느린 사람들 대신에 자사의 브랜드 이미지에 어울리는 개인들을 찾아 나선다. 그레그 위트는 이렇게 말한다.

"10대를 표적으로 하는 마케팅에 성공하고 싶은 브랜드라면 현실과의 연관성을 현명하게 따져봐야 합니다."

프라이버시와 익명성

Z세대는 어릴 적부터 온라인 프라이버시와 보안의 중요성에 대해 귀에 못이 박히도록 들었다. 가정에서, 그리고 학교에서 거의 주입식으로 교육받은 덕분에 이들은 온라인에 공유해도 좋은 것과 공유해선 안 되는 것에 대해 정확히 인지하고 있다.

Z세대가 휴대폰을 켜거나 소셜미디어에 로그인한 뒤에 가장 먼저 하는 일은 프라이버시 설정을 활성화하는 것이다. 또한 이들은 온라인에서 스스로를 보호하는 일에도 능숙하다. 온라인에 올린 부적절한 사진이나 언행이 영원히 남아 자신이 꿈꾸는 대학에 입학하거나 회사에 입사하는 데 걸림돌이 될 수 있다는 사실을 아는 것이다.

몇 년 전 Z세대가 소셜미디어를 대거 탈퇴할 거라는 루머가 돌았었다. 영화배우 레나 던햄, 자덴 스미스 같은 유명인들은 악플에 시달리며 괴로워하다가 소셜미디어 계정을 아예 삭제해버렸다.

하지만 Z세대는 달랐다. 이들은 소셜미디어를 떠나는 대신 스냅챗이나 위스퍼Whisper 같이 개인정보 보안 수준이 높고 익명성을 보장하며 기록이 금세 삭제되는 플랫폼으로 옮겨갔다.

다크 소셜dark social, 공유된 콘텐츠의 출처나 유입 경로를 알 수 없는 트래픽-역자 주 메신저 역시 비슷한 이유로 이들이 선택한 새로운 채널이었다. 특히 스냅챗은 프라이버시 보호기능 덕분에 Z세대들 사이에서 큰 인기를 끌고 있다. 스냅챗의 가장 큰 특징은 사용자가 메시지와 이미지를 공유한 뒤에 공유한 콘텐츠가 몇 초 안에 삭제되도록 설정할 수 있다는 점이다. Z세대에게 스냅챗이 호감을 샀던 또 하나의 이유는, 다른 소셜네트워크 서비스와 비교했을 때 현실의 소통 방식과 닮았기 때문이다. 친구와 나눈 대화의 기록이 어디에도 남지 않는다는 점이 그렇다.

위스퍼는 익명으로 메시지를 보내고 답장도 익명으로 받을 수 있는 앱이다. 'Whisper'라 불리는 게시물은 이미지 위에 텍스트가 덧쓰인 형태로 올라간다. 이때 사용자들은 자신의 정체를 밝힐 필요가 없기 때문에, 지인들과 대화하는 자리에서라면 편하게 공유하지 못했을 각종 주제에 대한 자신들의 생각과 의견을 자유롭게 나눌 수 있다.

스냅챗이나 위스퍼에도 광고를 게재할 수 있기는 하지만 익명성이 강한 앱을 통해 Z세대와 소통하는 일은 까다롭기 그지없는 일이기에, 마케터들에게는 계속해서 주시하고 학습해야 하는 환경이기도 하다.

무엇보다 중요한 것은, Z세대는 자신들을 마케팅 타깃이 아니라 하나의 인간으로 대하는 브랜드를 원한다는 사실이다. 이들에게 어필할 방법을 모색하는 것이 시급한 과제이나, 사생활을 침해하거나 상품 판매 목적을 노골적으로 드러내는 방식은 먹힐 리가 없으니 신중하게 접근해야 한다.

FOMO 그리고 FOLO

앞서 언급했듯이, 오늘날 10대 초반의 아이들은 자신의 소셜미디어 계정을 많게는 하루에도 100번씩 확인하고, 하루에 약 9시간을 여기에 소비한다. 다시 말해서, 10대들은 잠자는 시간이나 부모, 교사와 함께 보내는 시간보다 더 오랜 시간을 소셜미디어에서 보낸다는 뜻이다.

심지어 이 계산에는 학교나 집에서 숙제를 하는 동안 소셜미디어를 사용하는 시간은 포함시키지도 않았다. 소아 임상심리학자 마리온 언더우드Marion Underwood 박사는 CNN과의 인터뷰에서 이렇게 말했다.

"이 아이들은 소셜미디어를 통해 얻을 수 있는 친구들과의 소통과 애정에 중독된 것입니다. 서로가 뭘 하고 있는지, 지금 어디에 있는지, 자신이 올린 게시글에 몇 명이나 '좋아요'를 눌렀는지, 오늘 하루 동안 나를 팔로우한 사람의 수는 몇인지, 또 언팔로우한 사람은 누구인지를 확인하는 행위에 대단히 중독성이 있는 거죠."

이 주제에 관한 연구는 10대들이 스스로 소셜미디어 사용에 규제가 필요하다고 느끼는 이유에 대한 연구로 이어졌고, 그 결과는 'FOMOfear of missing out, 혼자 남겨지는 것에 대한 두려움-역자 주'와 'FOLOfear of living offline, 오프라인 세상에 사는 두려움-역자 주'로 규정되는 Z세대를 잘 보여준다.

연구에 참여한 10대 중 절반 이상이 자신의 게시물에 '좋아요' 와 댓글이 달렸는지 보고 싶어 했고, 3분의 1 이상이 자신을 빼놓고 친구들끼리 놀고 있지는 않은지 알고 싶어 했다. 21%는 자신에 대한 험담이 돌지는 않는지 확인하고 싶어 했다.

Z세대의 이 같은 성향을 인간의 성장 단계에서 자연스럽게 나타나는 일반적인 현상으로 이해할 수도 있겠지만, 우리는 이 같은 결과가 전 생애를 소셜미디어 및 디지털 발전과 함께 보낸 세대의 특성을 잘 보여준다고 생각한다. Z세대는 디지털 환경에서의 삶과 정체성이 실생활 속 타인과의 관계에 미치는 영향에 대해 걱정한다는 것이다.

소셜미디어를 위한 새로운 규칙

"젊은 소비자들에게 접근하기 위해 스냅챗 계정을 개설하는 기업들이 하루가 멀다 하고 생겨나고 있습니다. 심지어 자사의 제품을 홍보하기 위해 '무대 뒷이야기'를 스냅챗에 포스팅하기 시작한 기업도 있죠. 하지만 너무 많은 기업들이 이 방법을 활용하다 보니 더 이상은 신선하지도 영감을 주지도 않습니다."

－코너 블래클리, 'Z세대에게 어필할 마케팅 캠페인을 만드는 법
How to build a marketing campaign that appeals to generation Z'에서

바로 앞에서 다루었듯이, 디지털 정체성이 실제 삶에 미치는 영향력에 대한 Z세대의 우려로 인해 각각의 소셜미디어 플랫폼마다 통용되는 예의가 생겨나기에 이르렀다. 결국 소셜미디어도 무법지대는 아니었던 것이다.

퓨처캐스트에서 실시한 연구에서, 우리는 Z세대가 다양한 소셜미디어 계정을 사용하는 이유와 각각의 소셜미디어를 사용하는 목적에 대해 직접 물었다.

그 결과 우리는 Z세대가 각 플랫폼에서 통용되는 세부적인 규칙과 가이드라인을 준수하고 있다는 사실을 알게 되었다.

페이스북

흔히 알려진 바와는 달리 Z세대는 페이스북을 버리지 않았다. 물론 Z세대의 페이스북 사용량은 줄어드는 추세지만, 페이스북은 여전히 10대가 가장 많이 사용하는 소셜미디어 플랫폼의 위치를 유지하고 있다.

실제로 10대의 77%가 페이스북을 정기적으로 사용하고 있다고 응답했다. 참고로, 밀레니엄세대가 가장 많이 사용하는 소셜미디어 플랫폼도 페이스북이며 87%가 정기적으로 방문한다고 답했다.

하지만 '참여'가 아니라 '사용'했다고 말한다는 점에 주목하길 바란다. 참여와 사용은 전혀 다른 개념이다. 페이스북을 사용하는 연령대가 높아지면서 플랫폼에 공유된 콘텐츠에 대한 10대들의 참여율이 전보다 줄어들고 있다.

원래 페이스북은 참여형 도구였다. 하지만 이제 10대들은 페이스북을 수동적인 도구, 나아가 다른 소셜미디어로 갈아타기 위한 출발점 정도로 여긴다.

페이스북에서 이들의 활동은 게시물 포스팅보다 주로 게시된 글들을 스크롤하며 훑어보는 수준에 그친다. 덕분에 페이스북은 네트워크 플랫폼이라기보다 정보 허브로서의 역할을 하게 되었다.

하지만 그렇다고 해서 Z세대와의 소통에서 페이스북을 빼놓아도 된다는 뜻은 아니다. 약간의 창의성을 더해 제대로만 한다면, 페이스북은 여전히 10대들의 이목을 사로잡기에 충분한 잠재력을 보유하고 있다.

사례를 하나 소개하자면, 캐나다 밴쿠버에 있는 놀이공원 플레이랜드 앳 더 PNEPlayland at the PNE는 8명의 10대들에게 무료입장권을 나누어주면서 한 가지 조건을 제시했다.

페이스북의 PNE 페이지 회원들의 지시에 따라 놀이기구를 타고 놀이공원을 경험하는 게 조건이었다. 회원들은 8명의 10대들에게 어떤 놀이기구를 탑승할지, 어떤 게임을 즐길지, 심지어 어떤 음식을 맛볼지를 일일이 지시했고, 참여한 10대들은 카메라를 착용한 채 자기들의 경험을 페이스북 사용자들과 공유했다. 이렇게 공유한 동영상 콘텐츠를 28,000명 이상의 10대 시청자들이 실시간으로 지켜보았다.

트위터

트위터는 잠들지 않는 플랫폼이다. 실시간 마케팅을 위해 활용되곤 하는 트위터는 10대들이 당장 필요한 정보를 얻기 위해 찾는 플랫폼이기도 하다. 트위터에서는 여러 차례 리트윗된 트윗이라도 수명이 길어야 18분이다(리트윗되지 못한 트윗의 수명은 고작 몇 분 정도로 더 짧다).

우리의 연구에서 Z세대의 트위터 사용률은 45%로 각 세대 중 가장 높았고, 밀레니엄세대와 X세대는 34%, 베이비부머세대는 겨우 13%에 그쳤다.

16세인 카터 윌커슨은 패스트푸드 전문점인 웬디스Wendy's를 상대로 재미있는 내기를 걸었다. 그는 웬디스에 자신의 트윗이 몇 번 리트윗이 되면 1년 동안 무료 치킨 너겟을 제공할 것인지 묻는 트윗을 날렸고, 웬디스는 '1,800만 회'라고 답했다.

윌커슨은 이 조건을 받아들인 뒤에, '카터에게 너겟을(#NuggsforCarter)'이라는 해시태그를 달고 팔로워들에게 리트윗을 요청하기 시작했다.

그러자 미국의 유명 토크쇼 진행자인 엘런 드제너러스Ellen De-Generes 같은 유명인사와 아마존, 마이크로소프트 같은 대기업들까지 나서 월커슨의 트윗을 홍보하며 각자의 팔로워들에게 그의 도전을 지지해줄 것을 요청했다.

캠페인이 폭발적인 인기를 끌자, 월커슨은 여세를 몰아 국제적으로 입양아를 돕는 활동을 하는 데이브 토마스 입양 재단Dave Thomas Foundation for Adoption과 피노키오 맘 온더 런Pinocchio's Moms on the Run을 지원하기 위한 기금 모금 운동으로 확대했다.

캠페인 결과, 월커슨의 트윗은 역사상 가장 많이 리트윗된 것으로 기록되었고, 웬디스는 월커슨의 요구에 따라 1년 동안 무료로 치킨 너겟을 제공하기로 약속했다. 그뿐만 아니라 웬디스는 월커슨이 시작한 기금 모금 운동에 10만 달러를 기부하기까지 했다.

웬디스의 경우, 소셜미디어를 통해 소비자와 소통한 것만으로 미디어 전반에 걸쳐 긍정적으로 재조명되었다. 수년간 트위터에 대해 냉소적인 태도를 보여왔던 웬디스가 월커슨과의 소통을 통해 완전히 깨어 있는 브랜드라는 이미지를 얻게 된 것이다.

인스타그램

Z세대의 인스타그램 사용율은 63%로 밀레니엄세대의 47%와 큰 격차를 보인다. 인스타그램은 10대들이 영감을 얻기 위해 찾는 소셜플랫폼이다. 인스타그램에서 Z세대는 자신의 가장 멋진 모습을 게시하기 위해 사진을 편집하고 꾸미는 데 많은 시간을 할애한다.

인스타그램 계정을 관리하는 10대들의 모습은 대단히 신중하다. 게시물을 올릴 때는 자신이 올린 게시물이 혹시 친구들의 피드를 더럽히는 쓸데없는 이미지는 아닌지 대단히 신경 쓴다.

이들은 또한 자신이 올린 인스타그램 사진들을 정기적으로 삭제함으로써 누가 언제 자신의 계정을 방문해도 잘 정돈된 적은 수의 사진만 볼 수 있게 유지한다. 게시물마다 달리는 '좋아요'의 개수를 늘리기 위한 전략인 셈이다.

의류 소매업체인 에어로포스테일Aeropostale은 솔직함과 대담함이 적절한 균형을 이룬 인스타그램 사진을 꾸준히 게시함으로써 게시물을 올리는 족족 10만 개 이상의 댓글과 '좋아요'를 받았다.

이 브랜드는 제품 위주의 사진들로 피드를 장식하는 대신 아이스크림 콘, 꽃밭, 해변에서 즐거운 시간을 보내는 친구들의 모습과 자사 제품을 적절히 배치하는 방식으로 스토리를 담아냄으로써 소비자들과 정서적 소통을 나눴다.

스냅챗

Z세대의 스냅챗 사용률은 61%였고, 이에 반해 밀레니엄세대는 34%, X세대의 사용률은 수치화할 수 없을 정도로 적었다. 스냅챗은 수신인이 내용을 확인하고 나면 곧장 사라진다는 특징으로 2011년 9월 사업 개시와 함께 선풍적인 인기를 끌었다. 온라인으로 채팅을 하면서도 실제로 친구들과 만나고 싶어 하는, 직접 소통에 대한 이들의 열망 덕분에 스냅챗은 Z세대가 즐겨 찾는 앱이 되었다. 지금 스냅챗은 빠른 속도로 문자 메시지를 대체하고 있다.

스냅챗 사용자들은 흠잡을 데 없이 완벽한 순간을 사진으로 남겨 모두와 공유하는 대신, 게시물을 받을 상대를 직접 선택해 자신의 진짜 일상을 공유한다. 우리 연구에 참여한 10대들은 자신이 지금 이 순간 무엇을 하고 있는지 친구들에게 알리고 싶을 때 스냅챗이 가장 완벽한 도구라고 말했다.

모바일 우선세대인 Z세대가 스냅챗과 인스타그램을 선호하는 또 하나의 이유는 이 같은 앱들이 모바일용으로 만들어졌기 때문이다. 다시 말해서, 보다 간결하고 유용한 사용자 환경을 만들어낸 덕분에 사용자가 이 앱에서 저 앱으로 여기저기 옮겨 다닐 필요가 없어졌다는 뜻이다.

누가   타코 벨Taco Bell

무엇을   2016년 5월 5일, 멕시코 국경일로 매년 전승 기념 축제가 열리는 신코 데 마요Cinco de Mayo를 맞아 멕시코 요리를 취급하는 레스토랑 체인 '타코 벨'이 사용자들의 머리를 거대한 타코로 바꿔주는 스냅챗 필터를 출시했다(자료 2-6 참고).

어떻게   필터에는 타코 벨의 시그니처 효과음이 더해졌고, 한쪽 구석에 로고가 새겨졌다. 사용자들은 해당 스냅을 보내기

자료 2-6   **타코 벨의 신코 데 마요 스냅챗 필터를 일러스트레이션으로 표현**

전에 평균 24초 동안 필터를 바꿔가며 즐거운 시간을 보냈다. 타코 벨은 하루 동안 지속된 이 캠페인에 약 75만 달러를 지출한 것으로 알려졌다.

효과　이 독특한 전략의 결과, 타코 벨의 필터는 단 하루만에 12년 5개월 분량의 재생 시간을 달성했다. 사용자들은 스냅챗에 제공된 해당 브랜드의 콘텐츠를 직접 사용해보거나 친구들과 공유했고, 덕분에 해당 광고는 소비자들의 기억에 고스란히 남았다. 타코 벨의 필터는 총 2억 2천 400만 뷰를 달성하며 기존 스냅챗 캠페인의 최고 기록을 갈아치웠다.

소셜미디어
고유의 톤을 이해하기

2015년 〈미디어포스트MediaPost〉에 실린 기사는 소셜미디어를 쇼핑몰에 비유하면서, 브랜드가 Z세대와 소통하길 원한다면 온라인에도 진열창을 갖춰야 한다고 조언했다.

하지만 어떤 진열창을 어디에, 언제, 어떻게 꾸며야 하는지의 기준이 되는 이들 타깃 소비자들은 가만히 있지를 못한다. 따라서 브랜드는 유능한 마케팅팀을 꾸려 Z세대 사이에서 통용되는 최신 소셜미디어 규칙을 이해하고, 진정성, 광고 빈도, 유머, 브랜드 메시지 사이의 적절한 균형을 찾아야 할 것이다.

마케팅 커뮤니케이션 브랜드 JWT 인텔리전스JWT Intelligence의 루시 그린Lucie Greene은 마케팅잡지 〈캠페인Campaign〉과의 인터뷰에서 마케팅을 귀신처럼 감지해내는 Z세대의 능력을 반드시 염두에 둘 것을 충고했다.

"이들은 평생 마케팅 대상으로 살아왔습니다. 브랜드는 저마다 전형적인 광고뿐만 아니라 게릴라 마케팅, 블로그, 자극적인 콘텐츠, 소셜미디어 등을 활용해서 지난 수년간 이 세대를 마케팅 대상으로 삼아왔죠."

평생 동안 광고에 노출된 덕분에 Z세대는 광고에 자사의 이익을 추구하는 기미가 조금이라도 보이는 브랜드를 선별해내는 안목을 갖게 되었으며, 그런 브랜드들을 가차 없이 배척한다.

따라서 마케팅 담당자들은 각 소셜채널의 목적과 위험 요소를 온전히 이해해야 한다. 그러고 나서 Z세대가 각각의 채널에 기대하는 것이 무엇인지를 근거로 전략적인 콘텐츠 선정에 나서야 한다.

당신의 브랜드가 Z세대의 삶에 매끄럽게 녹아들고, 이들에게 편의를 제공하고, 문제 해결법을 제시해주지 않는 이상 뻔한 광고는 Z세대의 관심에서 완전히 멀어지는 지름길이 될 것이다.

- **Z세대는 모바일을 우선한다.** 이들은 스마트폰, 태블릿PC, 인터넷이 존재하지 않는 세상은 경험해보지 못했다.

- **Z세대는 자신에게 친숙한 디지털 세상을 신뢰하면서도, 지속적인 사생활 노출을 피하고 싶은 갈망도 가지고 있다.** 이 같은 모순은 자신감 넘치지만 불안정하고, 늘 연결되어 있으면서도 프라이버시를 중요시하는 세대를 탄생시켰다.

- **Z세대는 역사상 가장 인터넷 사용률이 높다.** 각종 인터넷 도구들을 자유자재로 사용하는 이들은 같은 장소에 있지 않아도 시각적으로, 청각적으로, 심지어 몸짓 면에서도 온전한 소통을 할 수 있다.

- **Z세대는 현실의 소셜라이프를 보완하고, 스스로를 교육하고, 세상을 더 나은 곳으로 만들고, 재미와 오락을 즐기는 데 소셜미디어를 활용한다.** 또한 자신들이 원하는 모습 그대로 진정성을 갖춘, 사생활과 익명성이 보장되는 경험을 기대한다.

- **Z세대는 각각의 플랫폼에서 통용되는 세부 규칙과 가이드라인을 준수한다.** 소셜미디어는 무법지대가 아니다.

3장

새로운 커뮤니케이션 규칙

동굴 벽화, 이집트 상형문자, 페루의 지상그림 등으로 대표되는 시각적 소통이 역사 속에만 등장하는 건 아니다. 시각적 소통은 우리의 뇌와도 긴밀히 연결되어 있다. 물론 우리는 진화를 거듭했고, 동굴 벽에서 터치스크린으로까지 옮겨왔지만 소통 방식은 그대로다. 그중에서도 시각적 소통에 가장 크게 반응한다. 오죽하면 '보는 것이 믿는 것'이라는 속담이 나왔을까?

밀레니엄세대가 문자 메시지라고 알려진 글자 예술을 완벽하게 마스터한 반면에 Z세대는 상징, 동영상, GIF파일, 이모티콘 등을 활용해서 소통한다. 그리고 스마트폰, 비디오 게임, 스트리밍 동영상은 이 세대 안에 잠들어 있던 조상들의 뿌리를 되살려냈다. 다시 말해서, 이제 마케팅 전문가들은 품질 면에서 최고를 지향해야 하지만, 그보다 더 열심히 즉각적인 재미를 선사하는 콘텐츠를 제작해야 한다.

모바일을 선택하든지,
아니면 집에나 가든지

"5학년 때 처음으로 휴대폰을 갖게 되었어요. 너무 신이 났죠. 우와, 이건 지금까지 나에게 있었던 일 중에 가장 중요한 일이라고 생각할 정도였다니까요. 내 또래 아이들의 인생에 휴대폰은 아주 중요한 부분이에요."

―데이비드 F. 14세

휴대폰은 오프라인 세상과 온라인 세상을 연결해주는 개인용 포털이라고 볼 수 있다. 이 세대에게 첫 번째 휴대폰을 갖는다는 건 첫 키스, 운전면허증 취득, 졸업에 비할 정도로 중요한 행사가 되었다. 오늘날 청소년들 사이에서 반드시 거쳐야 할 중요한 의식으로 자리 잡은 것이다.

덕분에 이제 스마트폰이 없는 10대를 찾는 건 네잎 클로버를 찾는 것만큼이나 어려운 일이 되었다. 저녁 식탁에는 TV 대신 스마트폰이 자리 잡았고, 10대들은 샤워를 할 때도 스마트폰을 들고 들어간다. 심지어 스마트폰을 곁에 두고 잠에 들기도 한다. 물론 이 때문에 부모와 교사들은 골머리를 앓는다.

'우리가 모바일 기기에 중독된 고개를 푹 숙인 로봇들을 키우고 있는 건 아닐까?'

물론 이 같은 현상이 10대에게만 해당되는 건 아니다. 잠들기 전까지 휴대폰을 본다는 대목에서 나 말고도 찔리는 사람이 많으

리라. 심지어 지금 이 책을 모바일 기기로 읽고 있는 독자도 있을 것이다.

하지만 늘 이랬던 건 아니다. X세대와 베이비부머세대에게는 10대가 될 때까지, 또는 그보다 훨씬 더 나이가 들 때까지도 휴대폰이 없었다.

이들은 시간을 들여 휴대폰에 의존하는 법을 배운 세대다. 휴대폰에 훨씬 일찍 노출된(대체로 중고등학생 시절) 밀레니엄세대 역시 Z세대만큼 이른 나이에 휴대폰을 가지지는 못했다.

반면에 Z세대는 모바일 세상에서 태어났다. 대략 12세 무렵에 자기 소유의 휴대폰을 가지고, 그보다 훨씬 전부터 이들은 엄마 아빠의 휴대폰으로 게임을 하고 동영상을 봤다. 이들에게는 휴대폰 화면이 공갈 젖꼭지만큼이나 편안함을 주는 존재였다.

세상에 나온 이래 줄곧 시각적 자극에 노출되어온 탓에 Z세대는 눈으로 먼저 세상을 배우기 시작했다. 마케팅 담당자들이 종종 '제3의 화면'이라 불렀던 휴대폰은 Z세대에게는 거의 유일한 화면이 되었다. 이들은 장난감 노트북과 집에 있는 컴퓨터, TV 등을 통해 새로운 소식을 접하고, 정보를 얻고, 오락거리를 찾는다. 필요한 모든 것을 이미 손바닥 위에 쥐고 있는 것이다.

작고 빠른 휴대폰의 큰 영향력

바깥세상에 대해 이토록 유례없는 수준의 시각적 접근성을 가진 Z세대는 손에 쥔 작은 스크린 안에서 마케팅 전문가, 교육자, 부모와 맞붙는다. 이 젊은 세대는 빠르게 움직이고, 그보다 더 빠르게 생각한다.

이 사이버 치타들을 따라잡으려면 어떤 종류의 콘텐츠를 활용해야 할까? 끝도 없이 계속되는 텍스트는 당연히 정답이 아니다. 그렇다, 가장 중요한 건 스피드다. 정확하고 선명한 이미지, 간결하고 효과적인 텍스트, 짧지만 단번에 시선을 끄는 동영상 등 시각 자료의 중요성은 말할 것도 없다.

개개인에게 딱 맞는 메시지도 빼놓을 수 없다. 실제로 Z세대는 엄청난 양의 시각 자극을 한꺼번에 처리할 수 있는 능력을 타고났다. 심지어 이들의 뇌가 더 많은 정보를 더 빠른 속도로 처리할 수 있도록 진화되었다는 결과를 내놓는 연구도 여럿 있다.

이 같은 주장을 반박하는 건 쓸데없는 짓이다. 심지어 교사들조차도 이 흐름에 편승해 학교에서 휴대폰을 사용할 수 있도록 허락한 마당에 싸워서 뭐 하겠는가.

이에 더해, 이제 많은 교사들은 소위 '역 진행 수업 방식온라인을 통해 선행 학습을 한 뒤에 오프라인 강의를 통해 교사와 토론식 강의를 진행하는 수업 방식-역자 주'을 도입하고 있다. 교사가 "자, 이제부터 검색해봅시다"라고 말하면 아이들은 스마트폰을 꺼내 사전, 백과사전, 유의어사전 등으로 활용한다.

Z세대는 스마트폰으로 물건을 구매하는 일에도 거리낌이 없다. 이제는 장년세대도 의류에서부터 전자 기기, 심지어 자동차 부품에 이르기까지 모든 업계의 쇼핑을 온라인으로 하는 것에 적응하기 시작했지만, 아직까지는 스마트폰으로 쇼핑하는 일을 꺼리는 사람이 많다.

반면 구글의 연구에 따르면 13세-17세 청소년의 53%가 스마트폰으로 온라인 쇼핑을 즐긴다고 한다. 이들은 실제 매장을 방문해서도(6장에서 더 다루겠지만, Z세대도 여전히 오프라인 매장에서 쇼핑한다), 스마트폰으로 가격을 비교하고 추가로 필요한 상품 정보를 조사한다.

이 같은 현상이 마케팅 담당자들에게 의미하는 바는 무엇일까? 아직도 모바일 커뮤니케이션 전략을 세우지 않았다면 당신의 브랜드는 이미 게임에서 뒤쳐졌다고 볼 수 있다. 따라서 Z세대를 상대로 한 마케팅 전략은 다음과 같은 말로 귀결된다.

"모바일을 선택하든지, 아니면 집에나 가든지."

당신의 브랜드와 소통하기 위해 노트북을 꺼내야만 한다면, Z세대는 금세 떠나가고 말 것이다. 30초가 아니라 10초 만에 뭔가를 보여주거나 설명할 수 있는가? 찾아내기도 어려운 8초짜리 필터가 Z세대의 관심을 끌 수 있을까? 모바일에서 가장 큰 효과를 거둘 콘텐츠는 무엇일까?

이제 구글 검색 결과에는 단순히 모바일 친화적인 웹사이트가 아니라 모바일에 최적화된 웹사이트가 우선적으로 제시된다.

모바일 친화적인 디자인이 모든 기기의 화면 크기에 맞춰 콘텐츠 크기를 재조절하는 반면, 모바일 최적화 디자인은 애초에 모바일 사용자들을 타깃으로 설계되었기 때문에 한 면에 하나만 보이는 레이아웃이나 미니멀한 디자인, 간편한 탐색 기능 등을 갖추고 있다(자료 3-1 참고).

글로벌 웹 분석업체 스탯카운터StatCounter는 2016년에 사상 처음으로 모바일 웹사이트 접속자 수가 데스크탑 접속자 수를 넘어섰다고 발표했다.

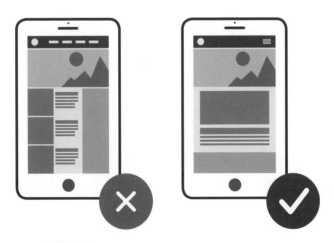

자료 3-1 **모바일 우선 디자인으로 변환한 화면**

단순히 모바일 기능 그 자체를 수용하던 시절은 지났다. 젊은 소비자들에게 어필하고 싶은 브랜드라면 처음부터 작은 스크린에 최적화된 서비스를 제공해야 한다.

사례 연구

누가   마운틴 듀Mountain Dew

무엇을   마운틴 듀는 운동선수들의 활동을 담은 동영상으로 모바일 우선 글로벌 캠페인을 제작했다. 첫 번째 동영상의 주인공은 프로 스케이트보더인 션 말토였다. 그가 슬로 모션으로 자동차 위로 날아오르면 '도전하는 것보다 더 좋은 건 없다There's No Feeling Like Doing'라는 슬로건이 위에 겹쳐진다. 모델의 동작 그 자체보다 '해냈다'는 짜릿함을 강조하는 데 중점을 둔 캠페인이다.

어떻게   모바일용으로 디자인된 이 캠페인은 시각적 효과가 강조된 경험을 제공하고, 소비자가 직접 겪은 흥미진진한 경험을 공유하도록 하기 위해 트위터와 스냅챗, 페이스북 라이브, 페이스북 비디오, 인스타그램 스토리를 활용했다. 모바일에 최적화된 광고를 제작하기 위해 마운틴 듀는 자사의 브랜드 전략뿐만 아니라 로고와 슬로건까지도 새로 만들었다.

효과   모바일을 캠페인 전면에 이용한 마운틴 듀의 전략은 매우 혁신적인 것이었다. 이는 모바일 우선 세대로 살아 가는 젊은 소비자들에게 어필할 수 있는 기회가 되었다.

마운틴 듀의 북미지역 마케팅 담당 부사장 그레그 라이언스 Greg Lyons는 이렇게 말하고 있다.

"광고 제작 마지막 단계에서 모바일 최적화를 고려하는 시대 는 지났습니다. 처음부터 모바일에서의 성공을 염두에 두고 광고 를 디자인해야 하죠."

한 입 크기가 적절한 크기

"우리는 광고 파트너들에게 이렇게 말합니다. '다섯 단어, 그리고 한 장의 커다란 사진만으로 커뮤니케이션에 성공할 수 없다면 Z세대를 상대로 한 마케팅에서 살아남을 수 없다'고 말입니다."

― 댄 쇼벨Dan Schawbel, 뉴욕타임스와의 인터뷰에서 발췌

'스내커블snackable 콘텐츠'라는 말이 있다. '한 입 크기의 콘텐츠' 라는 의미인데, 대체 뭘까? 이는 쉽고 가볍게 읽고 보고 즐기도록 고안된 온라인 콘텐츠를 가리킨다. 애니메이션 대화형 콘텐츠를 만드는 업체 시어로Ceros의 메그 캐니스트라Meg Cannistra는 스내커

블 콘텐츠를 구성하는 3가지 핵심 요소에 대해 이렇게 설명한다.

"첫째 눈을 사로잡아야 하고, 둘째 간결해야 하며, 셋째 이해하기 쉬워야 합니다."

미디어의 홍수 속에서 Z세대는 분 단위로 마케팅을 전제로 하는 메시지의 폭격을 받는다. 비단 10대들뿐만 아니라 그 누구라도 모든 것을 처리하기엔 시간도, 인내심도 부족하다.

그러니 이 어수선한 틈바구니를 뚫고 소비자에게 도달하려면 정확하고, 빠르고, 간결한 정보 제공이 필수다. 이것을 한 마디로 축약해서 'KISS의 원칙'이라고 하는데, '문제는 간결함이야, 바보야Keep it simple, stupid'에서 나온 말이다.

하지만 간결함을 쉬움과 헷갈려서는 안 된다. 군더더기를 모두 제거하고 간결함만 남기는 일에는 아주 많은 노력이 필요하다. 뭔가에 대해 140자로 설명하는 것보다 500자로 설명하는 것이, 10초보다는 30초 동안 설명하는 것이 훨씬 더 쉽기 때문이다

트위터
140자

스냅챗 동영상
10초

인스타그램 동영상
15초

자료 3-2　소셜미디어별 스내커블 콘텐츠. 이 책이 출판된 시점2018년에 트위터는 280자 메시지를 시범적으로 적용 중이었다.

(자료 3-2 참고). 아니면, 베스트셀러 작가이자 마케팅 전문가인 댄 쇼벨의 말마따나 다섯 단어는 어떤가!

모바일 기술은 적은 양의 콘텐츠를 쉽게 소비할 수 있게 해주 었을 뿐만 아니라 Z세대에게 각자의 시간에 맞춰 정보를 소비할 수 있는 자유를 선사했다. 밤이고 낮이고 언제든 스내커블 콘텐 츠를 즉시 소비할 수 있는 세상, 그게 Z세대가 아는 세상이다.

사례 연구

누가　테이스티Tasty

무엇을　식품 브랜드 테이스티는 누구나 공유 가능한 1분 길 이의 요리 동영상 시리즈로 스내커블 콘텐츠를 성공시켰다.

어떻게　테이스티의 동영상은 흡입력이 강하고 간결해서 지 루할 틈을 거의 주지 않았기에 Z세대에게 완벽하게 들어맞 았다. 타임랩스 편집 기술과 조감도 효과를 더한 이 동영상 시리즈는 시각적 자극에 크게 반응하는 Z세대에게 큰 인기 를 끌었다.

효과　겨우 1년이 조금 넘는 기간 동안 테이스티는 2,000개 의 레시피 동영상을 제작했고, 각각의 영상이 매달 5억 명에 가까운 시청자들을 사로잡으며 거의 18억 뷰를 달성했다. 동 영상은 주로 페이스북에서 시청되었다.

이모지, 이모티콘, 스티커, 또 뭐가 있더라!

이쯤 됐으면 전화 통화나 글자만으로 가득한 정형화된 메시지는 구닥다리라는 사실을 알아차려야 한다. 오늘날 Z세대는 아주 신속하게 시각적으로 소통한다. 이들은 이모지, 이모티콘, 스티커 등을 사용한다(자료 3-3 참고).

'이모지emoji'는 휴대폰에서 사용하는 감정 그림문자로, 일본의 이동통신사에서 감정을 표현하기 위해 개발한 그림문자가 전 세계 공통의 문자로 인식되면서 유니코드에도 등록되었다. 지금은 문자 메시지나 이메일뿐만 아니라 다양한 문화 전달매체를 통해 활용되고 있다.

이모티콘	이모지	스티커
글자만 사용할 수 있는 매체에서 감정을 전달하기 위해 사용된 표기법으로, 기호를 사용해 얼굴 표정을 표현한다.	작은 디지털 이미지 또는 아이콘으로, 전자 커뮤니케이션에서 생각이나 감정 등을 표현하기 위해 쓰인다.	감정이나 행동을 표현하기 위해 그려진 정밀한 그림이다.

자료 3-3　이모티콘, 이모지, 스티커 비교

미국에서 맞춤형 인터랙티브 이모지를 만드는 업체 카르미즈 Karmies의 설립자이자 CEO인 메간 하인스Megan Haines는 이렇게 설명했다.

"믿지 않겠지만, 이모지가 생긴 지는 거의 20년 가까이 되었습니다."

이모지는 1998년 일본의 거대 모바일 커뮤니케이션 회사인 도코모DoCoMo의 직원이 처음 발명했다. 그는 사용자들이 데이터를 많이 사용하지 않고도 사진을 주고받을 수 있도록 만들고 싶었다. 그가 낸 아이디어는 간단했다. 받는 사람의 기기에 아이콘으로 표시되는 '한 글자로 이루어진 코드를 만드는 것'이었다.

다시 현재로 돌아와 생각해보자. 우리는 매일 60억 개가 넘는 이모지를 주고받는다. 하인스는 이모지에는 맥락이 담긴다면서 이렇게 설명했다.

"문자 메시지를 통한 소통이 면대면 커뮤니케이션과 전화 통화를 앞지르는 세상에서, 우리는 그 문자 메시지에 색깔을 입히고, 문자 메시지에 담긴 의도를 온전히 이해할 수 있게 만들 방도를 마련해야 했습니다. 의사소통은 매일 이루어지는데 글자만으로는 해석의 여지가 너무 크기 때문이죠."

이미지와 기호를 사용한 커뮤니케이션이 Z세대 사이에서만 인기를 끈 건 아니었다. 페이스북 피드나 휴대폰의 최근 문자 메시지 창을 스크롤해보자. 누가 올렸든 간에 이모지, 이모티콘, 스티커가 여기 저기 가미된 것을 쉽게 볼 수 있을 것이다. 실제로 옥스포드 사전은 2015년에 이모지의 인기와 엄청난 빈도수를 근거로, 이 단어를 '올해의 단어'로 꼽는 역사적인 결정을 내렸다.

이 같은 결정이 마케팅과 무슨 상관이 있는지 도통 모르겠다고? 네트워킹 하드웨어, 보안 서비스 등을 판매하는 미국의 다국적 기업 시스코 시스템스Cisco Systems, Inc.는 2018년이 되면 전체 마케팅 커뮤니케이션의 84%가 시각적인 자료로 대체될 것이라고 내다봤었다.

게다가 시각 마케팅은 특정 미디어가 아니라 미디어 전반에 적용될 것이다. 시각적 커뮤니케이션은 이미 신문, 웹사이트, 소셜미디어, 이메일, 그밖에 모든 곳에서 진행되고 있지 않은가.

구글이 매일 홈페이지 로고를 바꾸는 이유에 대해 생각해 본 적이 있는가? 이케아가 가구 조립 설명서에 텍스트로 된 설명을 넣지 않는 이유에 대해서는? 그래픽은 단순하면서도 언어의 장벽을 손쉽게 넘어선다. 그밖에도 시각적 커뮤니케이션의 장점은 실로 다양하다(자료 3-4 참고). 하인스는 이렇게 말했다.

"사람들은 언제나 언어를 창의적으로 활용할 새로운 방법을 찾죠. 팝 문화가 변화하는 것처럼, 가장 단순한 형태의 이모지조차도 다른 뜻을 가지게 될 수 있습니다. 예를 들어 스마일리 이모지Smiley Emoji는 한동안 월마트가 내세웠던 '롤백 프라이스Rollback Prices, 몇 년 전 가격으로 할인 판매하는 행사-역자 주' 캠페인이나 영화 〈포레스트

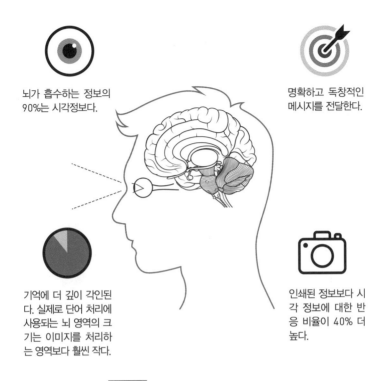

뇌가 흡수하는 정보의
90%는 시각정보다.

명확하고 독창적인
메시지를 전달한다.

기억에 더 깊이 각인된
다. 실제로 단어 처리에
사용되는 뇌 영역의 크
기는 이미지를 처리하
는 영역보다 훨씬 작다.

인쇄된 정보보다 시
각 정보에 대한 반
응 비율이 40% 더
높다.

자료 3-4   시각적 커뮤니케이션의 강점

검프Forrest Gump〉에 등장한 티셔츠 장면을 떠올리게 했습니다.”

그러나 하인스는 브랜드가 이모지를 활용하기에 앞서 광고 대
상인 소비자에 대해 먼저 고민해야 한다고 경고한다. 전형적인
유니코드 기반의 이모지는 지역, 연령, 배경에 따라 다양한 의미
를 가질 수 있다.

〈월스트리트 저널Wall Street Journal〉은 다양한 배경을 가진 6명

의 사람들이 동일한 이모지를 본 후에 전혀 다른 의미로 해석하는 내용을 담은 재치 있는 동영상을 제작했다.

한 사람은 서로 맞댄 두 손을 보고 하이파이브 동작이라고 생각한 반면에, 또 다른 사람은 해당 이모지를 기도하는 손이라고 생각했다. 한 사람에게는 분홍색 복숭아였던 것이 다른 사람에게는 누군가의 엉덩이로 보였다. 눈 달린 갈색 소용돌이 모양의 이모지는? 그게 초콜릿 아이스크림일까, 아니면?

일부 기업들은 이모지의 인기를 알아채고 이를 마케팅에 적용할 방법을 모색하는 중이지만, 그 전에 깊은 고민이 필요하다. 이모지가 모든 브랜드, 혹은 공인에게 효과적으로 들어맞는 전략은 아닌 것으로 드러났기 때문이다.

하나의 사례로, 2015년 민주당 대선 캠페인 당시 힐러리 클린턴 후보는 젊은 유권자들에게 어필하기 위한 목적으로 다음과 같은 트윗을 날렸다.

"학자금 대출이 어떤 기분을 느끼게 하는지 3개 이하의 이모지로 표현해볼까요?"

이에 대해 한 트위터 사용자가 이렇게 답했다.

"이건 마치 엄마가 친구들 앞에서 쿨해 보이려고 애쓰다가 완전히 망친 꼴이네요."

실패로 막을 내린 힐러리 클린턴의 트위터에 대해 하인스는 이렇게 말했다.

"이모지 사용이 똑똑하지 못한 결정이었거나 이모지를 사용할 필요 자체가 없었다는 것인데, 차라리 140자 이하로 트윗을 남겨달라고 하는 건 어땠을지 아쉬움이 남습니다. 지나치게 노력하면 이런 일이 벌어지죠."

힐러리 클린턴처럼 평소 이모지를 사용하지 않던 공인이나 브랜드의 경우, 이모지가 섞인 메시지는 특히 더 가식적으로 보일 수 있다.

이모지 사용에 진지한 주의가 필요함에도 하인스는 이모지의 미래를 낙관적으로 내다본다. 카르미즈 같은 업체가 탄생하면서, 새로운 이모지가 몇 초 만에 수백만 대의 휴대폰에서 시시각각 사용되는 현상을 보았기 때문이다.

"예를 들어 슈퍼볼에서 어떤 팀이 서로 맞붙게 될지, ABC-TV의 데이트 게임 프로그램 〈더 베첼러The Bachelor〉에서 누가 최종 후보가 될 지 결정되는 순간, 우리는 사용자들이 메시지 앱이나 소셜미디어에 자신들의 선호도를 표현하는 데 사용할 수 있는 이모지를 배포합니다. 더 흥미로운 점은, 사용자들이 활용한 이모지들이 데이터를 형성해서, 그렇게 쌓인 데이터만으로 누가 가장 인기 있는 후보인지 알 수 있다는 거죠."

누가   도미노 피자Domino's Pizza

무엇을   도미노 피자는 소비자들이 도미노 계정에 피자 이모지를 트윗하는 것만으로 피자를 주문할 수 있게 하는 기능을 정식 출시했다.

어떻게   이 캠페인은 소비자가 도미노 피자 웹사이트에 자신의 트위터 계정을 등록하면 도미노가 소비자의 퀵 오더 프로필에 접속하는 방식으로 이루어졌다. 도미노가 해당 트윗을 접수하면 소비자는 주문 확인 메시지를 받고, 그 즉시 피자가 만들어져 소비자의 집으로 배달된다.

효과   이 피자 체인은 피자를 주문하는 일상적인 활동을 신선하고 혁신적인 놀이로 탈바꿈시켰다. 도미노 피자 주문의 절반 이상이 이미 온라인으로 이루어지고 있기 때문에 '트윗으로 피자 주문하기'는 디지털로 피자를 주문할 의향이 있는 소비자들에게 훨씬 편리한 옵션이 되었다. 미디어들은 이 캠페인에 대해 대대적으로 다뤘고, 해당 캠페인은 2016년 칸 국제광고제에서 가장 혁신적인 아이디어 부문의 티타늄 그랑프리를 수상했다.

누가   던킨 도너츠Dunkin Donuts

무엇을   던킨 도너츠는 애플의 아이메시지iMessage 앱에 선물하기와 지불하기 기능을 도입한 첫 번째 커피체인점이다.

어떻게   소비자들은 던킨 도너츠 앱에서 애플 페이Apple Pay를 사용해 손쉽게 커피 쿠폰을 보낼 수 있게 되었다. 해당 앱에서는 애플 앱 스토어에서 다운로드할 수 있는 던킨 도너츠 스티커 세트도 출시했다. 팬들은 던킨 도너츠의 아이메시지 카드 빌더iMessage Card Builder를 통해 직접 디지털 연하장도 만들 수 있다.

효과   아이메시지 기능을 도입함으로써 던킨 도너츠는 자사의 브랜드에 대한 접근성을 극대화했다. 매장 내에서 편리한 지불 방식으로 이미 널리 사용되고 있는 애플 페이 덕분에 모바일을 통한 안전한 결제가 가능해졌고, 제공된 스티커는 사용자들과 브랜드가 소통할 수 있는 새로운 방식을 제공했다.

동영상에 관한 모든 것
유튜브 효과

유튜브 효과Youtube Effect : 유튜브에 게시된 동영상 하나를 찾으려다가 '관련 동영상' 항목을 클릭하는 바람에 '초콜릿 레인' 동영상이나 '릭 애슬리'의 음악 스타일을 즐기게 되고 몇 시간 뒤에 정신을 차리고는, 이런 일이 도대체 몇 번째 일어난 것인지도 모르는 상황을 가리키는 현상.

— 〈어반 딕셔너리Urban Dictionary, 은어, 속어, 인터넷 유행어 등을
풀이하는 온라인 사전 서비스—역자 주〉에서 발췌

Z세대가 사랑하는 것들이 모두 담겨 있는 동영상 콘텐츠는 산소, 물, 음식과 같이 생존에 필수적인 것들과 동급으로 취급될 정도다.

당신이 Z세대를 마케팅 타깃으로 생각하거나 이들과의 소통을 목표로 삼았다면 동영상은 필수다. 동영상을 보기 위해 10대들이 가장 많이 찾는 웹사이트는 어디일까? 바로 유튜브다. 검색 엔진으로 치면 구글과 동급이다.

뉴욕에 위치한 디지털 미디어 기업인 데피DEFY의 2016년 보고서에 따르면, 10대들의 65%는 아침에 눈을 뜨자마자 동영상을 시청하고 67%는 잠들기 직전까지 동영상을 시청하며 심지어 쉬는 시간 내내 동영상을 보기도 한다.

대체 모바일 동영상을 왜 그렇게 좋아하는 것일까? 물론 오락

을 위한 목적도 있지만, 그게 전부는 아니다. 모바일 동영상은 이들이 최신 유행을 놓치지 않고 문화 흐름에 따라가기 위해 활용하는 수단이다.

유튜브에 제공되는 동영상 콘텐츠들은 교육적이며 스트레스 해소에도 도움이 되고, 무엇보다 공감을 불러일으킨다. 특히 친구처럼 편하게 느껴지는 인플루언서의 채널은 더욱 그렇다. 또한 유튜브 동영상은 또래 친구들과 소통할 수 있게 해준다.

또한 음소거 상태로 콘텐츠를 보는 경우도 적지 않다. 광고 소프트웨어 기업 셰어스루Sharethrough가 최근 실시한 설문조사에 따르면, Z세대의 87%가 동영상을 시청할 때 소리를 켜둔다고 응답했다. 하지만 학교나 직장, 혹은 이동 중에는 소리를 꺼둔 채로 동영상을 감상한다고 했다.

이 같은 현상이 브랜드와 마케터들에게 암시하는 바는 무엇일까? 우선 마케터들은 무엇보다 Z세대의 일상에 함께할 수 있는 동영상에 대해 고민해야 한다. Z세대는 언제 어디서든 동영상을 소비할 수 있고, 실제로도 늘 즐기니 말이다. 마케터가 알아두어야 할 중요한 사실은 첫 번째는, 모바일 동영상은 독보적인 독창성과 시각적 함축성을 지녀야 한다는 점이다. TV 광고를 온라인에 게시한 뒤에 그걸 모바일 동영상이라고 우길 수는 없다는 거다.

두 번째는, 동영상의 헤드라인과 자막을 정하는 데 신중해야 한다는 것이다. 10대들이 음소거 상태로 동영상을 볼 경우를 감안하면, 헤드라인과 짤막한 자막이 중요해진다. 자막의 중요성을 간과해서는 안 된다. 좋은 헤드라인이 당신의 동영상을 시청할지, 혹은 그냥 건너뛸지를 결정하게 만들기 때문이다.

셰어스루의 마케팅 및 커뮤니케이션 담당 부사장 크리스 슈라이버Chris Schreiber에 따르면, Z세대의 67%가 동영상을 음소거 상태로 두어야 할 때, 헤드라인과 자막을 읽는 것을 선호한다. 그리고 84%는 헤드라인이 광고의 시청 여부를 결정한다고 답했다. 슈라이버는 마케터들에게 각각의 요소에 대해 고려하고, 헤드라인을 통해 각 요소들을 어떻게 엮어낼지 고민할 것을 당부했다.

세 번째는, 짧은 동영상 광고는 고객을 끌어당기기엔 제한되고 모자란 기회를 가질 수밖에 없다는 사실이다.

Z세대는 무슨 대가를 치르더라도 광고를 건너뛰려고 한다. 그러나 흥미를 끄는 광고라면 기꺼이 시간을 할애해서 주의를 기울인다. 이들은 문화 활동처럼 뭔가 의미 있는 일의 일부라는 기분을 주는 광고를 좋아한다. 특히 앞선 세대에 비해 자신들이 기여할 수 있는 기회를 제공하는 광고에 열광한다.

이때 광고의 심미적 수준만큼이나 그 안에 담긴 음악과 유머도 중요하다. 한 가지 더, 10대들은 가상현실이나 증강현실 같은 혁신 기술의 활용에도 흥미를 보인다.

마지막은, 사용자의 직접 참여를 유도하는 콘텐츠나 게임 효과는 동영상 제작에서 반드시 고려해야 할 또 하나의 요소라는 점이다. Z세대는 많은 시간을 비디오 게임에 소비하며 어디서든, 심지어 집을 벗어나도 게임을 즐긴다.

'포켓몬 고'가 10대들과 그 가족들을 집 밖으로 이끌었던 일을 기억하는가? 가상의 포켓몬 캐릭터들을 사냥하기 위해 이들은 실제 세상을 탐험하고 다녔다. 이것이 바로 참여형 미디어다.

동영상 콘텐츠가 게임처럼 소비자들을 매료하기 위해서는 시각적 자극 이상의 것을 제공해야 한다. Z세대는 얌전히 앉아 예

소규모 예산	너의 소비자들을 알라	한 입 거리	조금의 창의력
고객이 원하는 매력적인 참여형 동영상 제작에 큰돈이 들어가는 건 아니다. 소규모 예산과 조금의 창의력만으로도 놀라운 결과물을 얻을 수 있다.	동영상 제작에 앞서 이해해야 할 게 있다. 바로 그들의 관심사와 가치관이다. 소비자가 소속된 연령대의 통계 자료를 살피는 건 필수다.	다양한 종류의 콘텐츠를 시도해 광고의 신선함을 유지하자. 18세~54세 인구의 절반 이상이 소셜미디어를 통해 동영상을 공유한다. 그러니 제품에 중점을 둔 잘 만든 스내커블 동영상 한 편이 당신의 성공 비결이 될 수 있다.	짧은 동영상은 30초 이내에 스토리를 전달하는 데 그 목적을 둔다. 교육용 서비스가 아닌 이상 맞추기 어려운 조건임은 분명하다. 그럼에도 불구하고 다양한 옵션들을 통해 세일, 캠페인, 새로운 상품을 강조할 수 있다.

자료 3-5 멋진 동영상 제작을 위한 팁

쁜 사진들이 나타나길 기다리지 않는다. 이들은 실제로 진행되는 활동에 참여한다는 기분을 느끼고 싶어 한다. 투표, 보상, 포인트 제공, 콘테스트, 경쟁 등 게임 메커니즘을 브랜드의 동영상 콘텐츠에 녹여보자.

기억하자. Z세대에게 동영상은 공기와 같다. 그러니 동영상 공급을 중단해서는 안 된다. 물론 단 하나의 동영상만으로 대박을 터뜨리려는 시도는 먹히지 않을 것이다(자료 3-5 참고).

콘텐츠
전략

오늘날 모바일 콘텐츠의 주제는 참여와 발견이다. 방해만 되는 광고는 더 이상 설 자리가 없다. 기업들은 모바일 콘텐츠를 통해 브랜드의 목소리를 Z세대의 일상에 스며들게 만들어야 한다.

리볼트 모바일Revolt Mobile의 전략 담당 부사장 제이크 카츠Jake Katz는 Z세대 위주의 모바일 콘텐츠 전략 수립 방법에 대해 묻자, 브랜드에 인간성을 부여하는 것에서부터 시작하라고 조언했다. 마케터들은 그들을 상대로 상품 판매에만 목을 매지 말고 진득하게 자리 잡고 앉아서 10대들의 여정에 함께해야 한다는 것이다. 그 여정에는 다음과 같은 것들이 필수다.

진정성

10대들은 부모가 자신의 친구들 앞에서 쿨한 척 연기하는 걸 싫어한다. 브랜드나 공인이 자신들의 관심을 끌기 위해 '힙'한 척하고 연기하는 것도 마찬가지다.

디지털 미디어 기업 도스Dose의 성장 전략 담당 부사장 아만다 거터맨Amanda Gutterman은 이렇게 말한다.

"Z세대는 기업이나 브랜드에 반감을 가진 게 아니라 거짓말을 기가 막히게 탐지하는 능력을 갖추고 있을 뿐입니다."

이전 세대들과 비교했을 때 Z세대의 브랜드 신뢰도는 현저히 낮다는 점, 전통적인 광고를 건너뛰기 위해 무슨 짓이든 할 거라는 점은 틀림없는 사실이다. 하지만 이들은 자신들의 입맛에 맞는 한 브랜드와의 소통에는 얼마든지 열려 있다.

스피드

이 항목은 다시 한번 반복해서 언급할 만큼 중요하다. 당신에게 주어진 시간은 단 8초뿐이다. 그 시간을 넘어가면 Z세대의 집중력은 사라진다. 귀중한 시간을 낭비하지 마라! 눈이 휘둥그레질 만한 훌륭한 콘텐츠로 이들의 이목을 스피드 있게 사로잡자.

이번 장에서 다룬 모든 요소를 떠올려보자. 콘텐츠가 모바일에 최적화되었는가? 강력한 시각적 자극을 제공하는가? 동영상은 있는가? 첫눈에 흥미를 끌 만한 내용을 담았는가?

일단 Z세대가 광고에 관심을 가지면, 이들은 더 많은 시간을 들여서라도 당신의 브랜드에 대해 적극적으로 알아본다. 그 반대의 경우 즉시 다음 콘텐츠로 관심을 옮겨간다. 이들은 당신 손에 들린 나머지 것들에는 구태여 관심을 가지지 않을 것이다.

유연함과 일관성

Z세대는 모든 화면, 모든 채널에서 매끄러운 경험을 기대한다. 미국에서 요즘 들어 가장 핫한 트렌드가 '옴니채널omni channel, 소비자가 온라인, 오프라인, 모바일 등 다양한 경로를 넘나들며 상품을 검색하고 구매할 수 있도록 한 서비스-역자 주' 인 것만 봐도 알 수 있다.

그러나 트렌드와는 별개로 모든 플랫폼은 조금씩 다른, 각각의 고유한 톤을 가지고 있다. 30초짜리 TV 광고를 페이스북이나 유튜브에 올려놓고 할 일을 다 했다고 손을 놓아서는 안 된다. 당신의 콘텐츠는 그것이 공유되는 플랫폼의 목적에 부합해야 한다.

스냅챗에서는 대체로 가공되지 않은 가벼운 콘텐츠가, 인스타그램에서는 필터를 거쳐서 모두에게 본보기가 되는 콘텐츠가, 그리고 트위터에서는 우스갯소리와 재미있는 소재의 콘텐츠가 공유된다. 플랫폼의 맥락 안에서 콘텐츠를 운영하고, 이 세대가 규정한 규칙들을 유연하게 따르는 게 중요하다.

친근함

무엇보다 매력적인 브랜드가 되어야 한다. 온라인에서든 오프라인에서든 Z세대와 진정성 있는 양방향 소통을 나누어라. 당신이 매장에서 제공하는 서비스에는 고객들이 모바일에서 경험한 긍정성이 그대로 이어져야 한다. 트위터에서는 재치 있는 트윗을 날렸음에도 막상 찾아간 매장에서의 서비스가 불친절하다면 소비자와의 관계는 지속되지 않는다.

Z세대에게서 브랜드 충성도를 쉽게 얻으려고 해서는 안 된다. 브랜드 충성도는 쟁취하는 것이다. 소비자와의 소통에는 그들에게 중요한 것이 무엇인지에 대한 브랜드의 고민이 반영되어야 한다. 그들의 열정과 관심, 가치관을 이해하고 그들이 원하는 콘텐츠가 무엇인지도 파악하자.

인간미

소비자들은 브랜드보다 인간을 신뢰한다. Z세대 역시 마찬가지다. 이들은 계산서가 아니라 인간으로 대접받고 싶어 하며, 이 같은 측면에서 자신이 좋아하는 브랜드에 거는 기대는 더 크다.

브랜드에 인간미를 부여하려면 어떻게 해야 할까? 모든 일에 마찬가지지만, 천편일률적인 것은 해결책이 못 된다. 공감할 만한 스토리와 숨겨진 뒷이야기를 구성해 브랜드의 개성을 보여줘야 한다.

소비자와 정서적 연대를 형성하고, 그들의 말에 귀를 기울임으로써 브랜드가 소비자들을 중요하게 생각한다는 사실을 보여주자. 실수를 했다면 바로 인정하는 것도 중요하다. 하지만 지나치게 심각한 태도는 금물이다.

간단히 정리하자면, 얼굴 없는 브랜드는 군중 속에서 길을 잃고 만다. 접근이 가능하고 흥미로우며, 공감하는 브랜드가 되자. 무엇보다 창의력이 중요하다. 브랜드가 소비자의 마음을 얻는 게 점점 어려워지고 있는 마당에 특정한 연령대를 타깃으로 한 마케팅에는 진정성과 내부자의 관점이 더욱 필요하다.

이런 관점에서 인플루언서를 영입하는 것은 다양한 플랫폼의 홍수 속에서 고객층을 확보하는 데 핵심 열쇠로 작용한다. 소셜미디어에서 엄청난 팔로워를 거느린 스타들은 새로운 미디어에서 고객층을 형성하고, 유지하고, 소통하는 법을 마케팅업계 고수들보다 잘 알고 있다. 이에 대해서는 4장에서 더 자세히 다뤄보도록 하자.

유머

Z세대의 유머 감각이 이해가 안 된다고? 그들에게 한 번 물어보라! 한 무리의 Z세대를 만나 지금 유튜브에서 가장 웃기는 동영상 5개를 보여달라고 요청해보자.

이들이 보여주는 동영상을 보고 당황할 수도 있다. 2장에서 설명했듯 이들은 색다르고, 변덕스럽고, 종종 정제되지 않은, 심지어 스스로를 깎아내리는 일에서 재미를 찾는 유머 감각을 지니고 있다. 대다수 어른들에게 이들의 유머 감각은 이해가 안 될 테지만, 누가 여기에 감히 반기를 들겠는가? 고객은 언제나 옳다.

자율성

당신의 동영상을 보라고 강요하지 마라. 이제 소비자들은 광고 통제권을 요구하고 나섰으니 말이다. 이들은 '건너뛰기'를 할 수 없는 광고를 봐야 한다면 고개를 돌려서라도 그 광고를 외면하고 말 것이다.

따라서 소비자에게 통제권을 주는 게 더 나은 선택이다. 글로벌 리서치 에이전시 칸타 밀워드 브라운Kantar Millward Brown이 여러 나라를 대상으로 행한 연구에 따르면, Z세대의 59%가 모바일로 보는 '리워드 비디오reward video, 버튼을 클릭하면 건너뛸 수 있는 광고 등 시청자가 스스로 광고를 통제할 수 있는 동영상-역자 주'를 선호한다. 반면 건너뛰기를 할 수 없는 광고를 선호한 응답자는 15%에 그쳤다.

밀레니엄세대의 리워드 비디오 선호 비율도 크게 뒤쳐지지는 않았지만, Z세대가 앞선 어느 세대와 비교하더라도 광고 경험을 스스로 통제하려는 성향이 강하다는 것은 명백한 사실이다.

쉽게 집중력이 흐트러지거나 짜증을 내는 Z세대는 사용자의 50% 이상이 항의의 뜻으로 모바일 광고 차단기를 설치한다. 그러니 이들에게 통제권을 주지 않으면 어떤 광고도 보지 않을 게 분명하다. Z세대가 광고를 봐주길 원한다면 그들에게 통제권을 주거나, 적어도 선택권을 주도록 하자.

공감 능력

Z세대는 자신들이 최신 기술의 특혜를 누리고 있다는 사실을 알고, 그 특혜를 활용해서 타인을 도울 기회를 찾는다. 이때 브랜드의 역할은 현재 중요한 핵심 현안들을 지지하려는 이들의 노력을

뒷받침하는 것이다.

디지털 마케팅 기업인 스팍스&허니Sparks & Honey의 보고서에 따르면 현재 16세-19세 청소년들의 26%가 자원봉사자로 활발히 활동하고 있고, 60%는 자신들의 커리어를 활용해서 세상을 바꾸고 싶다는 의지를 밝혔으며, 76%는 인간이 지구 환경에 미치는 영향을 걱정한다.

우리는 또한 연구를 통해 인류의 평등, 특히 인종 평등 및 성소수자 평등권이 Z세대를 정의하는 현안이라는 사실을 알아냈다. 이렇게 공감 능력이 넘치는 세대와 훌륭하게 소통을 이뤄내는 브랜드가 여기 있다. 바로 '호프라인HopeLine' 캠페인을 펼친 미국 최대 이동통신사 버라이즌Verizon이다.

휴대폰 사용자들이 제대로 작동하는 중고폰을 버라이즌에 기부하면, 이를 판매하여 거둔 수익금이 가정폭력 피해자들에게 전달된다. 이 캠페인 덕분에 부적절한 기기 폐기로 인한 환경파괴도 예방할 수 있으니 한 번에 두 마리 토끼를 잡은 셈이었다.

버라이즌은 이 캠페인을 통해 도움이 필요한 사람들을 배려하고, 환경오염을 줄이는 데 기여했으며, 사회의식이 높은 세대의 사회운동 참여를 독려하기까지 했다. Z세대와의 소통을 원하는 마케터라면 브랜드의 인간적 면모를 부각시키도록 하자. 물론 약속의 말을 하는 것보다 브랜드의 신념을 입증하는 것이 중요하다는 사실은 말을 하지 않아도 잘 알 것이다.

보안

소비자가 친밀감을 느끼고 공감하는 콘텐츠를 제공하려다 보니, 마케터들은 그 어느 때보다 데이터에 크게 의존하기 시작했다. 그 결과 위치 정보, 활동, 클릭 수 등을 은밀하게 수집하는 것이 Z세대 소비자의 참여를 늘리기 위해 활용되는 가장 흔한 관행이 되었다.

Z세대는 높은 수준의 보안의식을 가지고 있으며, 마케터들도 자신의 기준에 맞춰주기를 기대한다. 소비자의 개인정보를 수집할 때 브랜드는 어떤 데이터를 수집하는지, 해당 데이터를 얼마나 오래 보관할 예정인지, 데이터 수집의 목적은 무엇인지 반드시 밝혀야 한다. 의견이 확실하고, 사생활 보호에 대단히 힘쓰는 이 세대는 신뢰를 깨뜨리는 행동을 용납하지 않는다.

완벽주의 전략에서 벗어나기

마케터들은 이제 노트북을 덮어야 한다. 잠깐 짬을 내어 큰 숨을 뱉으며 주위를 둘러보자. Z세대는 당신의 계획을 앞질러 소통하고, 가르치기에는 너무 빨리 배우며, 뭔가를 만들기도 전에 소비한다. 그러니 크게 심호흡 한 번 하고 세세히 설명하려는 완벽주의를 과감히 버려라. 대신 현실을 직시하라.

첫째, Z세대를 위한 콘텐츠 전략을 세울 때는 어떤 맥락에서 메시지를 제시할지 생각해야 한다.

'불필요한 반복을 피하려면 어느 부분을 수정해야 할까? 동영상의 제목이 우리의 목적에 부합하는가? 이 광고의 러닝 타임은 얼마가 적당할까? 이 게시물을 누가 공유할까? 이 광고가 우리의 브랜드에 대해 무엇을 말해주는가?'

둘째, 한 걸음 물러서서 전체 그림을 보자. 8초짜리 동영상에 명확한 메시지가 담기지 않는다면 무엇을 더 잘라내야 할지, 어떤 점을 부각시켜야 할지, 어떻게 하면 최적의 결과물을 만들 수 있을지 고민하자.

'이 페이지가 휴대폰 화면에서는 어떻게 보일까? 이 화면이 데스크탑에서도 제대로 구현될까? 소비자가 어디에서 이 광고를 볼까? 소리도 들을까?'

마케터들은 브랜드 가치에 대해 긴 설명을 하고 싶은 유혹을 참기 어렵다. 게다가 솔직히 말하면, 제품 설명을 충분히 하지 않는 게 오히려 이상하게 느껴지기까지 할 것이다.

그러나 Z세대는 금세 떠나버린다. 스피드를 챙기지 못하면 이들을 절대 붙잡지 못한다. 이들의 언어로 말하고, 이들이 원하는 시각 콘텐츠를 제시하자. 말보다 사진 한 장으로 많은 이야기를 할 수 있다면, 당신에게 필요한 시간은 이미 전부 가진 셈이다.

▪ **Z세대는 모바일 우선세대라기보다 모바일 유일세대다.** 마케터들이 '제 3의 스크린'이라 부르던 휴대폰은 이제 Z세대에게 제 1의, 그리고 유일의 스크린이 되었다.

▪ **Z세대는 엄청난 양의 시각 자극을 동시에 처리하는 능력을 타고 났다.** 심지어 이들의 뇌가 더 많은 정보를 더 빠른 속도로 처리할 수 있게 진화했다고 주장하는 연구 결과도 있다.

▪ **Z세대에게 어필하고 싶다면 처음부터 작은 화면에 최적화된 콘텐츠를 제작해야 한다.** 처음부터 데스크탑이 아니라 모바일 기기 전용으로 제작된 웹사이트를 '모바일 우선 웹사이트'라고 한다.

▪ **Z세대는 언제 어디서나 동영상을 소비할 수 있고, 또 앞으로도 그렇게 할 것이다.** 이들은 동영상을 통해 현재 가장 핫한 콘텐츠를 실시간으로 흡수하고 또래 친구들과 소통한다.

▪ **Z세대는 계산서가 아닌 사람으로 대접받기를 원하며, 자신이 좋아하는 브랜드에도 같은 것을 기대한다.** 소비자가 공감할 만한 이야기를 들려줌으로써 브랜드의 개성을 보여주고 이들과 감정적 유대관계를 형성하자.

4장

Z세대의 막강한 영향력

다시 고등학교 시절로 돌아가 교실이 줄지어 늘어선 복도를 걷고 있다고 상상해보자. 한 무리의 잘나가는 아이들 곁을 지나쳐 가는데, 우연히도 이들은 모두 나이키 운동복 바지를 입고 있다. 그중 한 아이가 그런 바지가 집에 몇 개나 있는지 떠드는 소리가 들린다.

그러면 당신은 그 아이의 말을 기억해뒀다가 다음에 쇼핑을 갈 때 엄마를 졸라 멋진 검정색 나이키 운동복 바지를 사겠다고 다짐한다. 물론 값비싼 옷이긴 하지만 다른 아이들과 급을 맞추려면 그만한 돈은 지불할 값어치가 있다고 생각한다.

다시 현재로 돌아와보자. 오늘날 다른 아이들에게 영향력이 있는 10대들은 할 일 없이 복도를 몰려다니지 않는다. 이들은 온라인 공간에 머무르면서 언제 어디서나 대중에 자신의 영향력을 행사한다. 노련한 마케터들은 이들의 영향력을 활용해서 Z세대에게 다가가며, 이들이 가장 자주 활용하는 채널을 통해 Z세대와 소통한다.

Z세대는 서로에게만 영향을 미치는 게 아니라 부모와 가족의 소비 습관에도 강력한 영향력을 발휘하는데, 이를 수치화해서 말하면 미국에서만 최대 7,500억 달러에 달한다. 이들이 순간순간 받아들이고 처리할 수 있는 막대한 양의 정보 덕분에 Z세대는 브랜드와 상품에 대해 그들의 부모보다 더 많은 정보를 가지게 된다. 그 결과 전통적인 가족 단위의 역학과 구조가 변화하고 있다.

한 세대 앞선 밀레니엄세대와 달리, Z세대는 전통적인 광고 형식에 저항감을 가지기 때문에 광고 수용률 역시 낮다. 그러나 이들이 브랜드 자체에 반대하는 것은 아니다. 사실 이들은 광고의 대상이 되는 것이 못마땅하고, 무언가를 강요당하는 기분 자체가 싫은 것이다. 따라서 Z세대의 관심을 얻고, 이들을 고객으로 만들고 싶은 마케터라면 적절한 인플루언서를 선정해 영향력을 제대로 활용하는 법을 알아야 한다.

영향력이란 무엇인가?

"영향력은 눈에 보이지는 않지만 강력한, 부정할 수 없는 힘입니다. 영향력은 점심을 어디에서 먹을지에서부터 어떤 신발을 구입할 지에 이르기까지 매일 우리의 선택을 좌우하죠. 우리가 내리는 최종 결정에는 알게 모르게 늘 영향력의 입김이 작용한다는 걸 명심해야 합니다."

―조셉 콜Joseph Cole, 탭인플루언스Tapinfluence의 마케팅 부사장

매슬로의 욕구 단계

1940년대에 미국의 심리학자 에이브러햄 매슬로Abraham Maslow는 인간의 동기에 대한 이해를 돕기 위해 '욕구 단계설'을 발표했다.

그는 자신의 이론이 다음 세기에 출간될 마케팅 서적에 활용될 줄은 몰랐겠지만, 지금도 마케터들은 매슬로의 욕구 피라미드를 활용해서 다양한 욕구 단계의 소비자들을 타깃으로 삼아 광고를 제작한다(자료 4-1 참고).

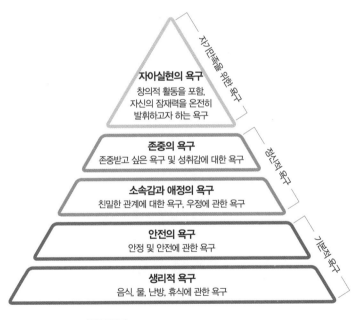

자료 4-1 **매슬로의 욕구 5단계 피라미드**

브랜드가 미래 소비자들의 욕구에 의미 있고 적절한 방식으로 어필할 때, 마케터들은 소비자들과 가장 잘 소통할 수 있다. 매슬로의 이론 중에서 두 번째 단계를 예로 들어보자. 갓 태어난 아이의 안전이 가장 중요한 가정에는 안전 기능을 중점에 둔 자동차 광고가 가장 잘 먹힐 것이다.

매슬로의 이론에서 한 단계 더 나아가 보자. 영향력에 관한 부분에서는 데일 카네기Dale Carnegie에 대한 언급 없이는 완성될 수 없다. 1936년에 발표한 《인간관계론How to win friends and influence people》에서 카네기는 타인의 마음을 얻어 나와 동일한 사고를 하게 만드는 12가지 방법을 소개했고, 그중 대부분이 오늘날에도 여전히 적용된다.

카네기는 상대에게 공감하고 상대의 입장에서 생각하는 친근한 대화를 시작하라고 조언한다. 소비자와의 관계 중심적 접근 방식으로 마케팅 전략이 변화하고, 디지털 콘텐츠의 힘이 강력해진 지금도 카네기의 원칙들은 1936년 당시만큼이나 여전히 유용하다.

기발한 마케팅 기법과 술책으로도 Z세대를 속일 수 없기 때문에 무엇보다 먼저 진정성 있는 관계를 수립하는 것이 중요하다. Z세대는 브랜드가 자신들에 대한 이해를 바탕으로 맞춤형 메시지를 제시하길 기대한다. 그들의 마음을 얻기 위해 알아두어야 할 항목들은 다음과 같다.

가정에서의 영향력

"가정 안팎으로 이토록 큰 영향력을 발휘하는 세대는 없었다. 이 세대의 자녀를 둔 부모 78%가 자신들의 어린 시절과 비교했을 때 자녀가 가정 내 의사 결정 과정에 상당한 영향력을 발휘한다고 답했다."

— 제노그룹Zeno Group, 시장조사 전문업체

X세대는 부모가 구매한 TV의 종류, 여름휴가 장소, 심지어 어머니가 준비하시는 저녁식사 메뉴에도 발언권이 별로 없었다. 설령 목소리를 낼 용기가 있었더라도 돌아온 대답은 "그냥 주는 대로 맛있게 먹어!"였을 가능성이 크다. 아니면 모든 성가신 질문에 대한 정답으로 부모들 사이에 수세기 동안 전해 내려온 "말대꾸하지 마!"라는 답을 들었을지도 모르겠다.

가정에서는 수천 년 동안 위계질서가 존재해왔기에, 대부분의 의사 결정은 부모가 내렸다. 그러나 지금은 상황이 달라졌다. 전통적인 가족 구조의 변화, 10대들의 정보 접근성 증가 등 다양한 이유로 가족 내 의사 결정에 관한 한 가정의 형태는 위계질서가 철저한 가정에서 민주적인 가정으로 변화했다.

변화하는 가족 구조

한때 우리가 알던 평균적인 가족 구성원은 어머니, 아버지, 그리고 두세 명의 자녀였다. 하지만 지금은 한 부모 가족, 동거 가족, 재혼 가족 등 다양한 구조를 띠게 되었다. 1960년에는 부부와 자녀로 구성된 가정이 전체 가정의 37%를 차지했다면 오늘날에는 전통적 형태의 핵가족 구성을 띤 가정은 16%에 그친다.

미국인들 역시 결혼이나 자녀 계획을 미루고, 자녀를 낳는다 해도 많아야 한두 명만 가지는 추세다. 더불어 미혼모 출산율이 그 어느 때보다 높아졌다.

한 부모 가정이나 맞벌이 가정의 경우, 부모들은 시간적 여유가 부족하다. 가정 내에서 구매를 결정하는 일을 아이들에게 의존하지 않을 수 없는 것이다.

10대 자녀들은 24시간 내내 정보 접근성을 가지고 있고, 여기에 학습 및 탐구 성향까지 타고났기 때문에 대부분의 부모들은 자녀에게 기꺼이 상품 탐색 임무를 일임한다. 예를 들어 가족여행으로 갈 만한 휴가지를 알아봐달라고 부탁하면, 아이들은 다양한 선택지가 담긴 목록을 들고 돌아올 것이다. 심지어 꼼꼼한 연구를 통해 엄선한 후보지들을 시각 자료로 가득한 파워포인트로 만들어 올지도 모른다.

그중 그들이 특별히 관심을 갖게 된 장소가 있다면, 그들은 자신의 제안을 밀어붙이기 위해 수준 높은 협상과 설득 전략에 돌입할 것이다. 이미 검색을 끝마친 Z세대는 자신이 들어선 시장에 대해 잘 알고 있다. 의지와 목적으로 무장한 이들은 사실상 전문 협상가나 다름없다.

이는 가족의 역할과 가족 내 의사소통 방식이 점점 개방되고 민주화됨에 따라 Z세대가 협상에 승리할 최적의 조건을 가지게 되었다는 걸 의미한다. 이제 식료품과 비품 구매 결정권이 더 이상 어머니에게만 있지 않으며, 자동차와 전자제품 구매 결정 역시 더 이상 아버지 혼자 내리지 않는다.

요즘 아이들은 돈의 가치를 잘 이해하고 있다. 거기에 자녀의 경제관념을 부모가 인정하면서, 10대 자녀들은 더 많은 의사 결정 항목에 걸쳐 더 큰 권한을 갖게 되었다.

Z세대가 직접 소비하는 돈만 해도 미국에서는 440억 달러에 이르고, 이들이 가족의 소비에 미치는 영향력까지 고려하면 이들의 구매력은 7,500억 달러에 달한다. Z세대는 엄청난 구매력을 가진 어마어마한 시장으로 성장한 것이다.

가족의 의사 결정에 끼치는 영향력

최근 시장조사 사이트인 유고브YouGov는 부모의 구매 결정에 자녀들이 미치는 영향력에 관한 설문조사를 실시했다. 어린 자녀의 의견 및 설득력이 종종 10대들과 견줄 만큼 경쟁력을 갖춤에 따라 해당 설문조사는 다양한 범주 및 연령대에 걸쳐 자녀들의 영향력을 분석했다.

그 결과, 자녀들은 '가계 경제의 활발한 의사 결정자'로 나타났다. 하지만 영향력의 정도는 구매품의 종류에 따라 달라지는 것도 알 수 있었다(자료 4-2 참고). Z세대가 가장 큰 영향력을 발휘하는 항목은 식품 영역인 것으로 나타났다. Z세대의 25%가 패스트푸드 레스토랑과 아침식사용 식품의 선택권을 가졌고, 간식 및 점심식사용 식품이 근소한 차이로 그 뒤를 쫓는다.

성인이 구매를 담당하는 제품의 항목을 살펴보면, 이 보고서는 Z세대가 성인들의 구매 결정에 어떤 방식으로라도 입김을 발휘한다는 사실을 보여준다.

한편 자녀가 두 번째로 높은 영향력을 가지는 항목은 가족의 레크리에이션 활동이었다. 부모의 절반가량이 야외 오락 및 가족 휴가지 선정에 있어 자녀들의 의견에 영향을 받았다.

서로의 영향력

특히 자녀와 함께 쇼핑을 나가는 경우를 생각해보자. 사실 아이

	자녀가 독립적으로, 혹은 부모와 함께 선택	자녀가 공유한 의견이 구매에 영향을 미침	자녀가 선호/비선호 의견을 이미 밝혔고, 그 점이 의사 결정에 영향을 미침
패스트푸드 레스토랑	25	48	22
간식용 식품	23	46	25
아침식사용 식품	25	43	26
점심식사용 식품	23	42	27
저녁식사용 식품	23	23	23
정찬을 즐길 수 있는 레스토랑	19	47	23
가족을 위한 음료	18	41	29
야외 오락/스포츠/레크리에이션 종류	19	51	18
자녀와 함께 떠나는 휴가지	14	49	17
집안에서 즐기는 오락 콘텐츠	22	40	16
휴가지에서 자녀와 함께 머물 호텔 또는 숙소	8	33	13
집에서 즐기는 오락 기기	12	27	10
구매 또는 임대용 차량	15	11	11

* 가족 내에서 구매를 담당하는 성인이 누군가에 따라 영향력은 달라질 수 있다.

자료 4-2 **가족의 구매 및 쇼핑 결정에서 자녀의 영향력**

들을 데리고 쇼핑에 나서면 엄마들은 평균적으로 30% 더 많은 돈을 소비한다.

자녀들, 특히 10대들의 고집을 절대 과소평가해서는 안 된다.

이들은 협상의 달인으로 종종 더 높은 성적, 더 많은 집안일 등을 조건으로 내세우며 설득에 나서고, 때때로 자신들이 용돈을 보태 겠다는 제안까지 해온다.

앞서 언급한 유고브의 설문조사에서 42%의 부모가 특정한 제품을 사기로 마음먹은 자녀의 고집에 끝내 무릎을 꿇었다고 답했다. 물론 Z세대만이 이러한 영향력을 발휘하는 건 아니다. 이들의 부모 역시 자녀들에게 큰 영향력을 발휘한다. 1장에서 언급했듯이 Z세대가 가장 중요하게 생각하는 롤모델은 바로 자신의 양육자다.

10대들은 대개 자라면서 부모의 영향력에서 벗어나고 싶어 하지만 오늘날의 10대들은, 특히 돈과 관련된 일에서는 부모의 의견을 더 많이 수용하는 경향을 보인다. Z세대는 부모를 비롯한 가족들이 재정적으로 어려움을 겪는 모습을 지켜보며 자랐고, 이 같은 경험을 통해 신중한 소비자로 성장했다.

뱅크오브아메리카Bank of America에서 환경·사회책임·지배구조 분야를 총괄 지휘하는 앤드류 플레플러Andrew Plepler는 이렇게 말했다.

"우리는 연구를 통해 자녀가 성인이 되었을 때 가지게 되는 소비 습관 형성에 가장 큰 영향을 미치는 것은 여전히 부모라는 사실을 확인할 수 있었습니다."

외부 영향

또래들 사이에서 인기 있는 사람이 되고 싶은 건 모든 세대의 10대들 사이에 공통적으로 나타나는 가장 근본적인 욕구다. 심지어 소셜미디어가 발달한 지금도 Z세대는 그 누구보다도 현실 속 친구들의 영향을 많이 받는다.

한 가지 차이가 있다면, 한 사람의 인기가 그가 직접적으로 만나고 대화하는 친구들이 아닌 외부에서 증명되며, 소셜미디어를 통해 인기를 끊임없이 확인할 수 있다는 점이다. 소아 및 청소년 정신과의사 켄 소넨샤인Ken Sonnenschein 박사는 이렇게 말한다.

"또래 집단의 압력이란 한 개인이 또래 집단 내에 통용되는 무언의 규범, 또는 기대를 수용해야 한다고 느끼는 압력을 의미합니다. 소셜미디어가 또래 집단의 압력을 완화, 또는 가중시켰다고 생각하지는 않지만 소셜미디어가 또래 집단의 압력을 받기까지의 과정을 앞당기고, 외부로부터의 규범과 기대가 세계 수준으로 확대되는 현상에 기여했다고는 생각합니다. 게임의 종류는 같은데, 운동장이 넓어지고 공의 움직임이 훨씬 빨라진 것과 같다고나 할까요?"

Z세대의 89%가 친구들이 가는 쇼핑몰에서 더 자주 쇼핑하게 된다고 답했고, 62%가 구매 결정에 있어 가장 큰 영향력을 발휘하는 요소로 또래 친구들의 의견을 꼽았다.

단지 14%만이 그들의 구매 결정에 좋아하는 운동선수가 가장 큰 영향을 미친다고 답했고, 블로거와 유튜버가 13%를 차지하며 그 뒤를 이었다. 연예인과 가수의 영향력은 각각 6%와 7%로 가장 낮은 비율을 차지했다.

최근 〈심리과학Psychological Science〉에 실린 한 연구는 다양한 소셜미디어에 등장하는 '좋아요'가 실제로 10대들의 뇌와 행동에 영향을 미친다는 사실을 입증했다.

UCLA에서 실시한 이 실험에서는 인스타그램과 유사한 사진 공유 앱에 148개의 사진을 게시했는데, 그중 40개의 게시물은 실험에 참가한 10대들이 제출한 것이었다. 모든 사진 게시물에는 다른 참가자들에게서 받은 '좋아요'의 개수가 표시되었는데, 실제로는 연구자들이 그 숫자를 사전에 조작한 것이었다.

실험 참가자들이 자신이 제출한 사진에 '좋아요'가 많이 달린 것을 봤을 때, 보상 회로를 담당하는 뇌의 영역인 중격핵nucleus accumbens의 활동이 활발해졌다.

이 회로는 보통 청소년기에 가장 반응성이 높은데, 실제로 10대들의 경우 게시물이나 사진에 '좋아요'를 많이 받으면 달콤한 초콜릿을 먹거나 게임에서 돈을 땄을 때 반응하는 뇌의 회로가 활성화된다. 그뿐만 아니라 시각적 주의력을 담당하는 뇌의 영역이 크게 활성화되는 현상도 관찰되었다.

소셜미디어에서 또래 영향력의 효과는 '좋아요'를 더 많이 받은 사진을 더 선호하는 10대들의 심리를 통해서도 입증된다. 이와 관련한 논문을 발표한 로렌 셔먼Lauren Sherman은 다음과 같은 이야기를 들려준다.

"우리는 10대 참여자들을 2개 그룹으로 나눈 뒤에 동일한 사진을 보여주었습니다. 다만 한 그룹에는 그 사진에 많은 '좋아요'를 달아 보여주었고, 다른 그룹에게는 '좋아요'를 조금만 달아 보여주었죠. 10대들은 얼마나 많은 또래가 해당 사진에 '좋아요'를 눌렀는지에 따라 동일한 정보에도 다른 반응을 보였습니다. 심지어 그들의 친구가 아니라 불특정 다수의 또래였는데도 말이죠."

유스비트는 이 같은 현상을 '아메리칸 아이돌 효과'라 불렀다. 가수를 꿈꾸는 인재를 뽑기 위한 TV 오디션 프로그램인 〈아메리칸 아이돌 쇼〉는 기업 활동의 전 과정에 대중을 참여시킨다는 크라우드 소싱의 개념을 젊은 세대에 소개하며 인기와 명성을 얻는 방식에 혁명을 불러왔다.

이제 가장 영향력 있는 Z세대 트렌드 세터들은 유튜브, 인스타그램, 트위터, 스냅챗 등의 소셜미디어에 자신만의 독창적인 관점과 의견을 공유함으로써 팔로워들과 직접 소통하고 신뢰를 기반으로 한 진짜 관계를 맺는다. 그 결과, 이들에게는 열정적이고 정보로 무장한, 종종 브랜드에 관심이 많은 팔로워들이 생긴다. 이렇게 촘촘하게 엮인 팔로워들은 마케터들에게 있어 성배나 다름없다.

인플루언서
마케팅

"브랜드가 인플루언서 마케팅에 1달러를 쓸 때마다 평균 6달러의 수익을 올린다는 사실을 고려하면, 소셜미디어를 통해 소비자와 소통하는 방법 중 인플루언서 마케팅이 빠르게 성장하는 건 너무도 당연한 결과다."

– 〈애드위크Adweek〉 광고잡지

2015년 미국의 광고잡지 애드위크Adweek는 인플루언서 마케팅을 마케팅업계의 '차세대 유망 분야'라고 언급하며 이 전략이 브랜드가 소비자와 더욱 직접적이고 창의적으로, 대규모로 소통할 수 있는 새로운 채널을 열어줄 것이라고 내다봤다.

오늘날 인플루언서 마케팅은 소셜미디어의 가장 핫한 트렌드 중 하나로 성장했고, 실제로 수익성 있는 채널이라는 말에 걸맞은 성과를 내고 있다.

그러나 인플루언서 마케팅이 아주 새로운 전략은 아니다. 광고가 시작된 이래로 기업과 브랜드들은 영향력을 가진 인물들을 활용해 제품과 서비스를 홍보했는데, 초반에는 대체로 유명인사나 널리 알려진 공인들이 주로 광고에 등장했다. 영화배우 조앤 크로퍼드와 펩시콜라, 브룩 쉴즈와 캘빈 클라인, 농구 선수 마이클 조던과 나이키 등 목록을 나열하자면 끝이 없을 정도다.

그러나 지금은 소셜미디어 플랫폼의 등장으로 연예인들이 영향력을 독점하던 시대는 끝이 났다. 이제 일반인들이 그들만의 독특한 목소리, 의견, 또는 전문성을 바탕으로 온라인상에서 영향력을 얻고 있다. 그 덕분에 마케터들에게는 자신의 브랜드나 제품 홍보에 도움을 줄, 영향력을 가진 인물들로 가득 찬 더 넓은 운동장이 생긴 셈이다.

2000년대 초반에 블로그가 처음 등장했고, 그 이후 마케터들은 블로그를 브랜드 홍보에 활용할 방법을 모색했다. 특히 엄마들이 양육 과정에서 겪은 시행착오들을 공유하고 서로를 격려하기 위해 게시물을 올리기 시작하면서 블로그의 인기가 치솟았다. 그뿐만 아니라 양육법에 관한 진정성 있는 대화는 조언의 공유, 의견 교환, 제품의 추천으로까지 이어졌다.

사실 남성이나 자녀가 없는 여성에 비해 엄마들이 입소문 마케팅을 더욱 적극적으로 수용해왔기 때문에, 블로그가 더욱 인기를 끌 수 있었다. 이때 블로그가 한 일은 엄마들에게 브랜드와 제품에 관한 대화를 나눌 새로운 방법을 제공하는 것이었다.

하지만 블로그는 겨우 시작에 불과했다. 지금은 소셜미디어의 영역 곳곳에서 온라인의 영향력이 발생한다. 페이스북, 유튜브, 인스타그램, 트위터, 스냅챗, 그밖의 여러 소셜플랫폼에서 자신의 팔로워들과 의미 있는 관계를 쌓아가는 인플루언서들이 바로 그 영향력을 발휘하는 사람들이다.

인플루언서들은 대중과 개인적으로 관계를 맺고 신뢰를 형성하는 방식으로 팔로워를 얻는다. 한편 일반적으로 사람들이 브랜드보다는 일반인을 더 신뢰한다는 점을 인지한 마케터들은 인플루언서 마케팅을 통해 얻을 수 있는 독특한 기회를 포착했다.

마케터

인플루언서 마케팅은 마케터들에게 보다 광범위한 영역의 메시지 수용력과 데이터에 대한 깊은 이해를 요구한다. 이제 미국에서 마케팅의 개척자로 존경받던 전설적인 인물 존 와나메이커 John Wanamaker의 유명한 말 "내가 광고에 쓴 돈의 절반은 낭비되었다. 문제는 그 절반이 어느 쪽인지 모른다는 것이다"는 더 이상 유효하지 않다.

이유는, 디지털 마케팅으로의 전환 덕분에 데이터의 중요성이 크게 주목받게 되었기 때문이다. 거의 모든 마케팅 시도가 추적, 측정, 분석되고, 그 결과 제품 판매 이유를 파악하지 못하는 일은 더 이상 발생하지 않는다.

소셜미디어 덕분에 데이터 집중 현상은 소셜서클 전반으로 확대되었다. 게다가 데이터는 각종 수익률의 분석은 물론이고 입소문에 의한 홍보 효과까지 분석해주는 등 모든 분야에 걸쳐 폭넓게 활용되고 있다. 이제 Z세대가 어떤 소셜채널을 선택하고, 어디로 가든지 등 모든 디지털 활동의 족적을 확인할 수 있게 되었다.

마찬가지로 마케터들이 제공하는 콘텐츠 역시 극적으로 바뀌었는데 과거에는 '우리 제품이 얼마나 멋진지 좀 봐주세요!' 식으로 홍보하는 광고였다면, 지금은 소비자가 스스로 광고의 주요 내용을 통제할 수 있도록 만들어졌다. 사용후기에서부터 트윗에 이르기까지 브랜드들은 소비자가 공감할 수 있는 메시지를 제공하고, 제품에 대한 긍정적인 대화를 유도해야 한다. 그렇지 않으면 아무도 광고를 보지 않을 테니 말이다.

인플루언서

인플루언서들 역시 소비자 참여를 유도하고, 이들과 소통하기 위해 인스타그램이나 스냅챗 같은 간결한 시각적 콘텐츠 중심의 플랫폼으로 옮겨가야 했다.

블로그처럼 장황한 형식의 콘텐츠가 한때 인기를 누렸지만, 이제는 단순한 시각적 플랫폼을 사용하는 인플루언서들이 스폰서를 낀 콘텐츠를 통해 더 많은 돈을 벌게 되었다.

인플루언서가 제공하는 콘텐츠뿐만 아니라 그들이 타깃으로 삼는 연령대 역시 변화했다. 이제 마케터들은 모든 연령대를 커버하는 인플루언서들과 손잡고 밀레니엄세대와 Z세대를 브랜드 콘텐츠의 타깃으로 삼는다. 이때 가장 중요한 것은, 소비자와 소통하며 진정성 있는 콘텐츠를 제작하는 인플루언서를 선택하고, 캠페인 초반부터 인플루언서를 광고 제작에 참여시켜야 한다는 점이다.

소비자들과의 소통과 고품질의 콘텐츠 제공으로 인한 엄청난 인지도 증가에 힘입어서 이들 중 대다수는 '인플루언서'를 전업으로 삼기 시작했다. 심지어 인플루언서를 미래 직업으로 꿈꾸는 Z세대도 상당수 존재한다.

소비자

시간이 갈수록 소비자들은 브랜드보다 또래 집단을 더 신뢰하는 경향을 보인다. 심지어 브랜드의 후원을 받은 인플루언서의 콘텐츠도 마찬가지다. 게시물이 진정성 있고, 교육적이며, 오락적 요소도 갖추고 있어서 가치 있는 콘텐츠라고 판명이 나면 소비자들은 브랜드의 후원 여부에 상관없이 해당 콘텐츠에 공감한다.

핵심은 진정성 있고 의미 있는 콘텐츠를 보유하는 것이다. Z세대는 자신들을 단순히 속여 넘기려는 전통적인 광고를 신뢰하지 않기 때문이다.

마지막으로 Z세대는 모바일을 통한 접근하기 쉬운 콘텐츠를 원한다. 이들은 주로 스마트폰을 통해 온라인에 접속하며, 이제 소통도 자신의 시간에 맞춰서 하고 싶어 한다.

새로운 연예인

> "우리는 외딴 고급 빌라에 들어앉은, 그저 유명한 것으로만 존재하는 연예 인들에게 더 이상 흔들리지 않습니다. 우리는 우리와 열린 마음으로 교감하 는 인플루언서들을 좋아합니다. 그들은 소셜미디어를 통해 우리에게 말을 걸고, 그들의 유튜브 게시물에 내가 남긴 댓글이 좋았다고 말해주죠. 결국, 그들이 우리와 다르지 않다는 느낌 때문에 그들이 좋은 거예요."
>
> ─그레이스 마스백

여전히 비욘세나 저스틴 비버 같은 유명 연예인들에게 의지해서 젊은 세대에게 브랜드 메시지를 전하려 한다면, 그건 그냥 시간 과 돈을 낭비하는 일이다.

자기만의 경쟁력을 가진 소셜 인플루언서 및 콘텐츠 제작자와 의 협업이 연예인을 통해 제품을 홍보하던 방식을 앞지르고 있 다. 이제 브랜드는 진짜 콘텐츠를 공유하며 팬과 팔로워들로부터 진정성을 인정받고, 신뢰를 얻은 진짜 사람들의 이야기로 후광을 톡톡히 받고 있다.

2015년에 발표된 〈카산드라 리포트〉는 Z세대 응답자의 63%

가 연예인보다 일반인이 등장하는 마케팅을 선호한다는 사실을 보여준다. 이런 추세를 반영하듯, 최근 연예잡지 〈버라이어티 Variety〉에서 실시한 여론조사에 따르면, 10대 소비자들에게 가장 친근하고, 진정성 있고, 큰 영향력을 발휘하는 인물 10명 중에서 8명이 유튜브 스타였다.

소셜미디어 인플루언서들이 이렇듯 거의 '스타'의 지위를 누리게 된 시점에서 우리는 이들에게 더욱 주목해야 한다. 이들이 '진짜 스타'와 무엇이 어떻게 다른지를 무슨 수로 알 수 있을까? 마케터는 투자할 만한 인플루언서를 어떻게 선정해야 할까? 그리고 과거의 광고 규칙들이 더 이상 효과가 없다면 브랜드 마케터로서 어떻게 대처해야 할까?

소통의 새로운 규칙

과거에는 영화, TV 프로그램, 패션, 음악, 스포츠 등에 참여해서 인기를 얻는 것이 유명세를 얻는 지름길이었다. 연예인들은 자신이 가진 재능을 기반으로 우상이 되었다. 연예인을 활용한 광고는 이들의 인기를 등에 업는 전략이었으며, 이들의 이미지는 브랜드나 제품과 연계되어 브랜드 이미지와 가치를 높이는 데 적극 활용되었다.

반면에 소셜미디어 인플루언서들은 솔직함을 무기로(또는 스스로에 대해 한껏 과장함으로써) 명성을 얻는다. 그들은 공통의 관심사와 아이디어를 기반으로 팔로워 그룹을 구축했고 우정과 신뢰를 근거로 팔로워들에게 영향력을 발휘할 수 있게 되었다.

구글의 사이트 친화도 체크 서비스인 싱크 위드 구글Think with Google은 Z세대가 소셜미디어 인플루언서들과 형성하는 관계가 팬과 우상의 관계가 아니라 '우정'이라고 설명했다.

신뢰받는 소셜미디어 인플루언서를 활용함으로써 브랜드는 브랜드를 대표하는 누군가가 아니라 친구를 통해 정보를 얻은 것 같은 착각을 주는 입소문 마케팅을 펼칠 수 있다.

실제로 인플루언서 역시 자신이 홍보하는 브랜드로부터 돈을 받기는 하지만, 대부분은 브랜드가 자신의 진정성과 전문성에 부합하는 경우에만 함께 일을 한다. 이들의 팬과 팔로워들은 인플루언서가 자신의 가치에 부합하지 않는 브랜드와는 협업하지 않을 거라고 믿는다.

그러나 비즈니스 리서치 기업인 포레스터Forrester의 애널리스트 제시카 리우Jessica Liu는 대중의 믿음과 달리 인플루언서 마케팅은 연예인을 통한 마케팅과 공통점이 많다고 경고한다.

"소비자들은 정신을 똑바로 차리고, 진정성 있는 추천과 돈을 받고 하는 홍보 사이의 회색지대를 잘 빠져나가야 합니다."

인플루언서와 브랜드는 함께 일하기 전까지 서로 연결고리가 없기 때문에, 일부 인플루언서들은 브랜드의 주목이나 돈을 목적으로 특정 제품을 홍보하기도 한다. 이에 대해 제시카 리우는 이렇게 덧붙였다.

"인플루언서 마케팅은 또 하나의 유료채널로 진화했습니다. TV 광고나 인쇄 광고와 다를 게 없다는 뜻입니다. 그러나 Z세대는 그런 사실에 크게 신경 쓰지 않습니다. 중요한 것은 인플루언서와의 소통이기 때문에 인플루언서가 상품 홍보를 대가로 돈을 받았는지 따위는 상관하지 않는 거죠. 어쨌든 이들은 인플루언서의 말에 귀를 기울입니다."

사실 이따금 연예인과 소셜미디어 인플루언서 사이에 겹치는 특징들이 있다. 일례로 리얼리티 TV 쇼 〈카다시안 가족 따라잡기 Keeping up with the Kardashians〉를 보자.

미국의 연예계에서 온갖 문제 행동으로 관심을 끌었던 킴 카다시안과 그녀를 능가하는 4차원 가족들의 리얼라이프 스토리를 담은 이 TV 쇼에서, 그들 가족은 그저 소셜미디어를 통해 인기를 얻는 것에 불과했던 자신들을 스타의 반열에 올려놓았다.

그런데 재미있는 사실은, 세계적으로는 카다시안 가족들 중 '킴 카다시안'이 가장 잘 알려져 있을지 모르지만 Z세대는 킴의 이복동생이자 패셔니스타인 카일리 제너에게 더 공감한다는 것이다.

처음엔 '진짜 사람'들의 일상을 보고 싶어 하던 세대가 어떻게 제너와 같은 사람에게 끌릴 수 있는지 의아해할 수도 있다. 하지만 계속해서 변화하는, 잔뜩 꾸민 외모 뒤에 카일리를 비롯한 카다시안 가족이 공론화시킨 의제가 뭔지 살펴보자.

- 몸매에 대한 긍정적인 태도 : 굴곡진 몸매가 멋지다는 인식을 다시 전 세계에 퍼뜨리는 일을 카다시안 가족이 거의 혼자서 다 해냈다고 볼 수 있다.
- 기업가 정신 : 카일리의 화장품 라인, 특히 립스틱 라인은 전 세계적으로 꾸준히 팔려나가고 있다.
- 가족애 : 이들은 무슨 일이 있어도 서로를 지켜준다.
- 진보적인 태도 : 처음에 브루스 재너로 알려졌던 이 가족의 아버지는 이제 케이틀린 재너가 되었고, 전 세계의 트랜스젠더 인권옹호자로 활동하고 있다.

Z세대의 눈에 카다시안 가족들은 자신들의 고충을 나누고, 대부분의 Z세대가 믿고 있는 대의를 위해 싸우는 따뜻한 사람들이다.

인플루언서와
연결고리

여기 100만 달러짜리 질문 하나가 있다.

"공감할 수 있는 멋진 콘텐츠를 통해 Z세대와 소통하려면, 브랜드는 인플루언서와 어떻게 협력해야 할까?"

미국의 경제 월간지 〈Inc.com〉의 조셉 스테인버그Joseph Steinberg는 '소셜미디어 인플루언서와 함께 일하기 위한 10가지 팁'이라는 기사에서 기업가이자 투자자인 머레이 뉴랜즈Murray Newlands의 조언을 바탕으로 인플루언서와의 협업을 위한 최고의 방법들을 소개했다.

뉴랜즈는 인플루언서와 긍정적이고 상호 호혜적인 관계를 형성하려면, 이들과 소통할 수 있는 연결고리부터 찾아야 한다고 설명한다.

"인플루언서들은 여러 훌륭한 제품들 사이에서 선택권을 가졌고, 보통은 자신이 잘 아는 사람이나 기업의 제품을 홍보하려고 합니다."

자체적으로 연구하고, 뛰어난 네트워크를 형성하고, 좋은 평판을 유지하는 것 모두 인플루언서의 반응을 최대한 이끌어내는 데 있어 핵심인 것이다.

그러나 그 못지않게 중요한 것이 바로 브랜드의 제품을 좋아하고 브랜드가 내세우는 가치를 인정하는 인플루언서를 영입하는 일이다. 인플루언스 기업인 에이콘Acorn의 설립자 스테파니 펑크Stephanie Funk는 이렇게 충고한다.

"이상적인 인플루언서 목록을 먼저 만든 뒤에 그들을 만나 고객사와 브랜드의 캠페인에 대해 당신이 아는 것을 바탕으로 설득해야 합니다."

브랜드와 맞지 않는 인플루언서는 브랜드 홍보에도 적합하지 않으며, 그들에게 홍보를 맡기는 제품은 그들이 쓰고 싶어 하는 제품일수록 효과가 좋다.

또한 스테파니 펑크는 대부분의 인플루언서가 가진 영향력의 수명은 최대 3년을 넘지 않기 때문에 마케터들은 새로운 인플루언서를 계속 찾아나서야 한다고 덧붙인다. 블로그 하나를 유지하는 것도 쉬운 일은 아니어서 마케터들이 특정한 인플루언서에게만 지나치게 의존하는 것도 바람직하지 않다.

그리고 만약 Z세대가 마케팅 타깃이라면 모든 인플루언서가 어마어마한 팔로워를 거느릴 필요는 없다. 실제로 소위 마이크로 인플루언서라 불리는, 적지만 충성스러운 팔로워를 보유한 사람들이 브랜드의 관심을 끌고 있다.

스테파니 펑크는 이들을 타깃 시장 내에서도 평판이 좋은 사람들로 보고, 팔로워들은 이들을 연예인이라기보다는 친구처럼 느낀다고 설명한다. 이 인플루언서들은 편안한 소통을 좋아하는 팬층을 거느린다. 게다가 보통 훨씬 더 잘 알려진 인플루언서들에 비해 광고료도 적은 편이다.

"소비자들과 공감하는 인플루언서가 온라인 친구들을 상대로 게시물을 올리면, 팔로워들은 대체로 이들의 메시지를 그대로 수용합니다. 이유는, 가식처럼 느껴지지 않기 때문이죠."

마지막으로 뉴렌즈는 인플루언서들이 팔로워에 관한 한 전문가임을 기억하고 창의력이 필요한 일들을 일임할 것을 제안한다.

"이미 완성된 콘텐츠를 인플루언서에게 주고, 돈을 줄 테니 이 게시물을 공유해 달라고 요청하는 것만으로는 원하는 결과를 얻을 수는 없을 것입니다. 인플루언서에게 창의력을 발휘할 권한을 주면, 자신의 팔로워들에게 당신의 브랜드를 진정성 있게 소개할 겁니다."

인플루언서 광고가 효과적인 이유는 그 안에 인간적인 측면이 담겨 있기 때문이다. 그러니 그 점을 최대한 활용하자.

각각의 인플루언서를 리포터로 내세워 제품 출시 및 행사 관련 소식을 각자의 팔로워에게 업데이트할 수 있고, 증정용 제품 후원, 사용자 제작 콘텐츠 콘테스트 개최, 그리고 인플루언서의 채널을 통해 캠페인을 공유하는 방법 등을 광고 전략으로 활용할 수 있다.

누가　트루스Truth

무엇을　트루스는 비영리 금연캠페인을 위해 만든 한 편의 감동적인 동영상을 통해 흡연이 멋지지 않다는 사실을 명확히 보여주었다.

어떻게　인기 있는 유튜버들의 도움을 받아, 이 브랜드는 '그거 왼쪽으로 스와이프해Left Swipe Dat'라는 노래를 제작했다. 노래의 내용은 데이트 앱에서 담배를 피우는 사진을 게시한 이성의 프로필을 왼쪽으로 터치해 넘겨 거절한다는 것이다. 이를 통해 흡연이 전혀 매력적이지 않다는 사실을 설득한 것이다. 여러 개그맨, 가수, 인플루언서들이 등장한 이 동영상에는 한 남자가 무지개를 헤엄치는 돌고래 등에 타고 있는 장면과 재미있는 그래픽이 가미되었다. 이 뮤직비디오는 제 57회 그래미 어워드 수상작으로 뽑혔다.

효과　인플루언서들이 동영상을 공유하자 #LeftSwipe-Dat 해시태그가 전 세계 실시간 검색 1위를 차지했다. 총 3,454만 명 이상의 팔로워를 거느린 유튜버들이 진정성 있고 공감할 수 있는 메시지를 전달함으로써 엄청나게 많은 소비자들에게 어필할 수 있었다. 트루스는 이 캠페인으로 칸 영화제에서 브론즈 라이언 어워드를 수상했다.

약관

인플루언서와 협업할 때 기억해야 할 아주 중요한 한 가지는 미연방 거래 위원회FTC; Federal Trade Commission가 이 새로운 마케팅 방식에 촉각을 곤두세우고 있다는 점이다(한국의 경우 공정거래위원회에서 관련 조사를 진행한다).

FTC는 브랜드와 인플루언서가 위원회의 공개 규칙을 어기는 경우, 이를 결코 좌시하지 않을 것이다. 브랜드와 인플루언서 사이에 돈, 선물, 공짜 제품을 조건으로 하는 거래, 가족 관계, 그 밖에 보상이나 인센티브 제공 사실이 있을 시에는 양 당사자 모두 해당 사항을 명확히 밝혀야 한다.

과거에는 인플루언서들이 #sp, #ad, #spon 등의 해시태그를 통해 브랜드로부터 인센티브를 받은 게시물이라는 사실을 알렸다. 그러나 지금은 그 방법들로 FTC의 '과대광고 위반' 기준을 충족하기에는 역부족인 듯 보인다. 마땅한 공개 조치가 이행되지 않을 경우 해당 브랜드는 엄중한 단속 조치의 대상이 되고, 기준 위반은 엄청난 과징금으로 이어질 수 있다.

가장 안전한 방법은 규범을 준수하는 것이다. 계약 당사자인 인플루언서에게 게시물에 모든 인센티브 관련 사항을 명확히 공개하도록 요청하자. 인플루언서 계약서에도 공개 가이드를 포함시키고, 해당 인플루언서가 당신의 브랜드가 제시한 규칙을 준수하는지 살펴봐야 한다. 결국 과징금은 인플루언서보다 브랜드에게 더 큰 타격을 입히니 말이다.

그러니 인플루언서와 계약서를 작성하기 전에 당신의 브랜드, 혹은 당신의 팀이 FTC의 최신 가이드를 숙지하고 있는지 확인하자.

- **Z세대는 서로에게만 영향을 미치는 게 아니라 부모와 가족의 구매 습관에도 커다란 영향을 미친다.** 브랜드나 제품에 관한 한 오늘날의 10대들은 부모보다 더 많은 정보를 가진다. 그 결과 전통적인 가족 단위의 역학과 구조가 변화하고 있다.

- **Z세대 또한 부모의 영향을 크게 받는다.** 오늘날의 10대들은 특히 돈과 관련된 문제에 있어서 부모의 의견을 적극적으로 수용한다. 이들은 부모와 가족들이 재정적으로 어려움을 겪는 모습을 보며 자랐고, 그 경험을 통해 신중한 소비자로 성장했다.

- **속임수나 과장 광고로 Z세대를 속일 수는 없다.** 대신 그들과 진정성 있는 관계를 수립하자. Z세대는 브랜드가 자신들을 이해하길, 그리고 개개인이 공감할 수 있는 메시지를 제공하길 기대한다.

- **브랜드는 '진짜 콘텐츠'를 공유하는 '진짜 사람들'이 팬과 팔로워들로부터 얻는 신뢰와 진정성의 후광을 활용할 수 있다.** Z세대는 연예인보다 일반인들을 통한 마케팅을 선호하며, 10대 소비자가 좋아하는 친근하고, 진정성 있고, 영향력 있는 인물 10명 중 8명이 유튜브 스타다.

- **소셜미디어 인플루언서에게 돈이나 인센티브를 지불하는 경우, 그와 같은 사실을 명확하게 공개해야 한다.** FTC는 적절한 정보 공개를 하지 않는 브랜드를 엄중히 단속하고 있다. 해당 규율 위반 시 막대한 과징금이 부과된다.

5장

'나'라는 브랜드를 팔아라

"Z세대는 타고난 브랜드 매니저입니다. 이들은 '나'라는 브랜드와 자신의 직업을 온라인상에서 철저히 관리해, 이 두 가지가 자신에게 어울려 보이도록 만듭니다. 동시에 자기 자신을 적당히 돋보이게 연출할 줄 압니다."

– 크리스티 웡Kristie Wong, 〈Z세대, 그들은 누구인가?Generation Z, Who are they?〉에서

나이키, 애플, 스타벅스, 구글을 비롯한 세상의 모든 유명 브랜드에게 심심한 유감을 표하고 싶다. 그들이 아무리 애를 써도 Z세대가 가장 좋아하는 브랜드 자리를 차지하지 못할 운명이기 때문이다.

그 자리를 차지하는 건 모두가 가장 중요하게 생각하는 브랜드, 즉 '나'라는 브랜드다. 하지만 오해는 금물이다. '나'라는 브랜드를 셀카세대라 불리는 Z세대가 가진 나르시시즘의 발로라고 볼 수만은 없다. 그보다는 이해받고 싶고, 자신을 드러내고 싶은 Z세대의 특징을 보여주는 현상이라고 볼 수 있겠다.

첫인상이라는 말은 이 세대에 들어 새로운 의미를 갖게 되었다. 이들의 이미지 평가 기준이 오늘 입은 멋진 옷차림에 그치지 않기 때문이다. 이제는 온라

인에도 관리해야 할 이미지가 있다. Z세대는 스스로가 생각하는 자신의 모습을 온전히 보여주기 위해 자신의 정체성마저 신중하게 다듬는다. 이들의 자아는 이렇게 의도에 따라 형성된다.

물론 이들도 스스로의 자아가 시간이 흐르면서 어떻게 진화하는지 알 만큼 현명하다. Z세대는 성장지향적인 세대로, 새로운 경험과 아이디어에 늘 열려 있다. 활짝 피어난 개개인의 브랜드는 현재 인생의 어느 단계에 있든, 이들이 얼마나 독특하고 진정성 있고 칭찬받아 마땅한 세대인지를 온 세상에 보여준다.

마케터들은 이런 Z세대의 특성을 어떻게 활용할 수 있을까? 답은 간단하다. 모든 방면에서 활용하는 것이다. 미디어를 단지 광고를 전달하면서 당신의 브랜드를 홍보하는 포털로만 활용하는 건 현명하지 않다. 실제로 이렇게 단편적이고 닫힌 사고를 가진 수많은 브랜드들이 실패를 맛봤다.

오늘날 Z세대는 브랜드를 통해 자신의 잠재력을 향상시킬 기회를 엿본다. 따라서 마케터에게 요구되는 역할은 Z세대의 파트너로서 이들의 여정에 함께 하며, 자신만의 브랜드를 발견하도록 도와주는 것이다.

개인으로서의
소속감

우리 연구의 주요 결과 중 하나는, Z세대가 스스로를 독특하게 보이려는 일에 목을 맨다는 사실이다. 실제로 남들이 자신을 어떻게 생각하기를 원하는지에 대한 질문에서, 10대의 30% 가까이

자료 5-1 **독특함에 관한 세대별 인식**

가 단순히 평범한 사람이 아니라 '독특한' 사람으로 보이고 싶다고 답했다(자료 5-1 참고).

그러나 무리에 섞여 들어가지 못할 정도로 독특한 사람이 되고 싶은 건 아니다. 나를 브랜드화하는 것의 진정한 목표는 소속감을 느끼기 위해서다.

이전 세대의 10대들과 마찬가지로 Z세대 역시 또래 집단으로부터 인정받고 받아들여지기를 원한다. 따라서 너무 같지도, 너무 다르지도 않은 선에서 자신의 개성을 형성해가야 하는 것이다.

노력은 하되 지나치게 열심히 해서는 안 되는 식이다.

시간이 너무 많이 걸리지 않느냐고? 당연하다. 10대들은 남들과 다르면서도 매력적이고 이상적인 모습을 갖추기 위해 많은 시간을 소비한다. 동시에 또래 집단의 신념과 기준, 기대에서 한 발짝도 벗어나지 않는다.

이들이 하나 이상의 또래 집단에 속했다면 어떨까? 또래 집단의 기대도 2배가 된다. 재즈밴드의 공연을 즐기는 축구 선수를 예로 들자면, 그가 '나'라는 브랜드를 형성하는 데는 자신이 속한 각자의 또래 집단에 어필할 만한 다양한 개성이 필요하다.

그렇다고 각각의 개성이 서로 충돌해서도 안 되는데, 그러면 진정성이 떨어질 수 있기 때문이다. 상상만 해도 지치는가? 실제로도 그렇다.

셀프 이미지와 완벽주의

고등학교는 험난한 공간이다. 항상 각종 인기 경쟁이 진행 중인 이곳에 소셜미디어의 디지털 메가폰이 그 압박을 증폭시켰다. 우스꽝스러운 옷을 입고 등교한 날 쏟아지는 따가운 시선은 복도에서 끝나지 않는다.

그날 선택한 패션은 어딜 가든 따라다니고, 평가와 비웃음은 하교 후에도 계속된다. 지금은 원하든 원치 않든 좋은 쪽으로든 나쁜 쪽으로든 누구나 연예인만큼의 대중성, 혹은 브랜드만큼의 영향력을 발휘하는 이미지를 구축할 수 있는 시대다.

결과적으로, 온라인에서든 오프라인에서든 Z세대는 이전 세대에 비해 스스로의 외모에 더 집착하게 되었다. 게다가 이들이 공들인 정체성은 늘 대중에게 공개되어 있기 때문에 남들 앞에 드러나는 자신의 모습을 관리하는 데 대단히 신중하다.

텍사스 오스틴에 있는 시장조사 업체 CGKCenter for Generatonal Kinetics에서 실시한 최근 연구에서, Z세대의 42%가 소셜미디어가 타인이 느끼는 자신의 이미지에 영향을 미친다고 응답했다. 자기 스스로에 대한 판단에도 소셜미디어가 영향을 준다고 응답한 비율도 이와 동일했다. 이는 소셜미디어의 원조 사용자인 밀레니엄 세대보다 5% 포인트 더 높은 비율이다.

또래 사이에서 인기를 얻는게 최고 목표인 Z세대는 그 일에 성공한 사람이 어떻게 성공했고, 그 성공을 어떻게 유지했는지에 주목한다. 자신의 몸에서 '덜 예쁜 쪽'으로 포즈 취하기를 거부하는 아리아나 그란데 같은 유명가수나 성형수술에 대한 루머로 지나친 미디어의 관심을 받아야 했던 톱모델 카일리 제너를 두고 어떻게 10대들이 이미지 강박과 무관하기를 바랄 수 있을까?

샌프란시스코에 기반을 둔 비영리단체 커먼센스 미디어Common Sense Media는 성인에게 아동을 위한 안전 교육과 다양한 기술을 제공하고 있다. 이 단체가 실시한 여론조사에서, 10대 소녀들은 특히 온라인상에서 보이는 자신의 모습에 매우 민감했다.

- 응답자의 35%는 누군가 별 볼 일 없는 사진에 자신을 태그할까 봐 걱정했다.
- 27%는 게시된 사진 속의 자기 모습에 스트레스를 받았다.
- 22%는 자신이 올린 사진이 관심을 받지 못할 때 기분이 나쁘다고 답했다.

대기업에서 콘텐츠 전략을 담당하는 닉 레거스Nick Reggars는 이렇게 말했다.

"10대들은 자기 자신에 대해서는 매의 눈을 가진 편집자가 됩니다. 콘텐츠를 기획하고, 게시물의 수량을 제한하고, 꼼꼼하게 주의를 기울여 양질의 콘텐츠만 게시하죠."

어린 나이에 시작된 높은 수준의 자기 검열은 이 세대의 자존감에도 막대한 영향을 미쳤으며, 이는 자아 형성기에 대중에 노출된 채 살아온 환경이 낳은 직접적 결과였다.

미국 심리학회에서 실시한 설문에 따르면 미국 10대 소녀의 3분의 1 가까이가 소셜미디어에서 본 누군가와 스스로를 비교하며 주눅이 든다고 대답했다. 소셜미디어 사용과 낮은 자존감 사이의 연관성을 밝혀낸 여러 연구들도 존재한다.

그러나 이 같은 이슈가 소녀들에게만 한정적으로 발생하는 건 아니다. 2016년 영국의 광고 싱크탱크인 크레도스Credos가 후원한 한 설문조사에서, 젊은 남성 응답자의 50% 이상이 외모에 대한 강박증을 조성한다는 측면에서 연예인이나 광고보다 소셜미디어가 주는 영향이 더 크다고 답했다.

이 같은 결과는 자의식이 강하고 지나치게 분석적인 세대의 모습을 단적으로 보여준다. 이들은 자신을 둘러싼 세상을 관찰하고, 트렌드에 주목하고, 시장에 내놓기에 가장 좋은 모습으로 자신을 꾸민다. 이들이야 말로 타고난 브랜드 매니저가 아닐까?

공들여 가꾼
자아

"보통 소셜미디어에는 가장 잘 나온 사진처럼 제일 멋진 모습만을 올립니다. 나머지는 상상에 맡기는 것이죠."

— 케이트 드와이어Kate Dwyer, '소셜미디어 스타들이 계정을 지우는 이유, 그리고 당신도 그렇게 해야 하는 이유Why some of social media's biggest stars are deleting their accounts-and maybe you should, too'에서

Z세대에게는 '어른이 되면 다 알게 된다'는 식의 훈계는 통하지 않는다. 이들에게 개인의 브랜드 정체성은 결혼이나 해외여행처

럼 인생의 전환점에서 맞는 깨달음의 형식으로 얻은 게 아니라
스스로 가꾸고 다듬은 작품이다.

이 작품은 어린 나이에 형성된 이후 계속해서 진화한다. 성취
뿐만 아니라 인정받는 일도 성공으로 인식될 수 있다. 이들에게
는 진정한 자아를 인정받는 것이 단순히 성인으로 사회에 받아들
여지는 것보다 훨씬 중요한 일이다. '어른'의 카테고리에 소속되
는 일은 중요하지 않을 뿐더러, 어른이라는 정체성만으로는 자신
의 발전이나 발견을 증명할 수 없기 때문이다.

10대들은 어떤 사람이 되고 싶은지, 남들이 자신을 어떻게 봐
주었으면 하는지, 어떤 대우를 받고 싶은지를 스스로 결정한다.
그렇지만 그토록 높은 목표를 달성하기 위해서는 스스로를 다양
한 방법으로 표현할 줄 알아야 한다. 지바 디자인Ziba Design의 크
리에이티브 디렉터 재클린 스즈키Jaclyn Suzuki는 이렇게 말한다.

"오늘날 10대의 75% 이상이 동시에 여러 개의 '온라인 자아'
를 갖는 것에 익숙해져 있습니다. 이들 세대에게 있어 여러 형태
의 또래 그룹에 소속되어 각 분야에서의 발전 사항을 해당 그룹
과 공유하는 일은 선택이 아니라 필수입니다."

Z세대를 종종 '슬래시slash세대'라고 부르는 이유도 여기에 있
다. 쉽게 설명하자면, '배구 선수/배우/패셔니스타/사회운동가'라
는 여러 역할을 상황에 맞게 동시에 해낼 줄 아는 세대라는 뜻이다.

요나 스틸맨Jonah Stillman은 아버지와 공동으로 쓴《회사에서의

Z세대Gen Z@Work》에서 이렇게 썼다.

"누구든 나의 인스타그램을 들여다보는 것만으로 몇 초 만에 내가 크로스핏과 스노우보드를 즐기고, 프레피룩preppy look, 고등학교 학생들의 교복 스타일을 본뜬 캐주얼 스타일-역자 주을 연출할 수 있는 브랜드를 좋아하고, 미네소타 바이킹스를 숭배하고, 랩과 컨트리송을 즐겨 듣고, 엘론 머스크를 존경하며, Z세대 열병을 앓고 있다는 걸 알게될 겁니다."

월간 가정잡지 〈패밀리 서클Family Circle〉의 최신 기사에는 이런 내용이 실렸다.

"10대들이 자신의 온라인상 평판에 대해 토론하고 접근하는 방식을 보고 있자면 하나같이 기업 같다는 생각이 든다. 이들은 자신의 브랜드가 스스로 작성한 프로필 및 게시물과 일관적인지에 대해 신경 쓰며, 동시에 게시물이 여러 사용자들 사이에 유포되는지 여부를 테스트하고, 게시물의 '좋아요'와 댓글 개수 및 게시물의 공유 횟수를 높이려고 노력한다."

Z세대 개인의 브랜드 가치와 인지도, 그리고 영향력은 이들이 올린 게시물에 공감하고 이를 공유하는 사람의 수에 따라 결정된다. 클릭 수, 댓글, 좋아요 개수, 리트윗 횟수는 모두 브랜드의 성장과 성공 여부를 측정할 수 있는 지표다.

물론 노련한 브랜드 매니저인 Z세대는 이 모든 것을 충분히 알고 있다. 이들은 언제 어디에 콘텐츠를 올려야 가장 많은 관심을 끌 수 있는지 알고 있다.

광고 대행사 히트Heat가 고객사인 테바Teva를 대신해서 실시한 연구에서, 마케터들은 대부분의 10대들이 한낮이나 저녁시간에 게시물을 올린다는 사실을 밝혀냈다. 이유는, 가장 큰 관심을 얻을 수 있는 시간대가 그때이기 때문이다.

실제로 10대의 50% 가까이가 저녁시간대에 게시물을 올리고, 75%가 주로 금요일과 토요일에 소셜미디어에서 활발히 활동한다. 이들은 계산에 따라 움직이고, 전략적이며, 대단히 인상적이기까지 하다.

분석가다운 DNA를 타고 난 이들은 자신을 둘러싼 세상도 분석가의 시각으로 바라본다. 이들은 충분히 주의를 기울이지 않는 브랜드는 소통에 실패한다는 사실을 너무도 잘 알고 있다.

이렇게나 많은 데이터가 주어진 지금, 브랜드는 Z세대가 무엇을 선호하는지를 훤히 볼 줄 알아야 한다. 브랜드는 Z세대가 소셜미디어를 통해 어떤 모습의 자아를 보여주는지, 성적 지향성을 어떻게 표현하는지 또는 표현하지 않는지, 어떤 눈으로 세상을 보는지를 인지하고 이에 걸맞게 대응할 줄 알아야 한다.

Z세대는 브랜드로 하여금 한 사람이 자신의 자아를 정의 내린다는 게 무슨 의미인지, 그리고 그것이 브랜드와의 소통 및 구매 행동에 시사하는 바가 무엇인지 다시 한번 생각하게 한다.

미국의 화장품 브랜드 커버걸CoverGirl은 이 문제에 충분히 주의를 기울인 브랜드의 모범 사례다. 커버걸은 2016년 17세의 메이크업 아티스트이자 유튜브 스타인 제임스 찰리James Charles를 그들이 야심차게 출시한 첫 번째 남성 브랜드 '커버 보이CoverBoy'의 대표 얼굴로 내세우는 결정을 내렸다.

커버걸은 인기 메이크업 동영상을 바탕으로 활동해온 인터넷 스타 제임스 찰리를 주목했고, 마침내 그를 커버걸이 내놓은 신상품 마스카라 'So Lashy'의 새 얼굴로 발탁했다.

모든 타입의 피부와 속눈썹에 사용되도록 제작된 이 마스카라는 제임스 찰리를 통해 '속눈썹은 평등하다'라는 메시지를 명확히 전달했다. 커버걸과 찰리의 콜라보 소식이 발표된 이후, 찰리의 인스타그램 팔로워 수는 200만을 넘어섰고 Z세대는 다양성을 포용하고 그 한계를 넓힌 커버걸이라는 브랜드에 칭찬의 박수를 보냈다.

지나친 자기 검열

"소셜미디어는 사회가 제시하는 멋지고, 재미있고, 독특한 사람의 기준에 맞추기 위해 스스로를 가장한, 어쩌면 가장 가식적인 자신의 모습을 보여주는 창입니다. 소셜미디어가 만들어낸 렌즈 때문에 우리는 스스로를 평가할 때도 타인의 의견을 기준으로 삼습니다."

– 코너 블래클리

이쯤에서 에세나 오네일Essena O'Neill의 이야기를 들어보자. 겉보기에 오네일은 부족할 게 없는 사람이었다. 인스타그램 스타였고, 모델로 일했으며, 각종 브랜드들이 제품 홍보를 부탁하며 그녀에게 돈을 쏟아 부었다.

그러나 2015년 당시 18세 소셜미디어 스타였던 오네일은 돌연 자신의 계정을 삭제하고 SNS에서의 명성이 얼마나 무의미한지에 대해 공공연히 경고했다.

그녀는 인스타그램 게시물을 모두 삭제하기 전에 과거에 자신이 올린 영상에 자막을 달아 편집한 뒤, 멋진 사진 한 장을 위해 무대 뒤에서는 무슨 일이 벌어지는지 설명했다.

대부분의 사진은 연출하거나 후원을 받아 촬영했고, 한 번은 사진 한 장을 위해 쫄쫄 굶은 상태로 포즈를 100번도 넘게 취해야 했다. 비키니를 입은 예쁜 사진이 필요했기 때문이다. 오네일은 게시글을 통해 이렇게 호소했다.

"나는 10대 시절의 대부분을 소셜미디어, 사회의 인정, 사회적 지위, 그리고 외모에 집착하며 보냈습니다. 나는 아팠고, 전문가의 도움이 필요했습니다."

그 후 오네일은 자신의 새로운 인스타그램 계정 명칭을 '소셜미디어 속의 삶은 진짜가 아닙니다Social Media Is Not Real Life'로 바꿨다. 이미지 검열에 대한 우리 사회의 강박적인 집착이 건전하지도, 현실적이지도 않다는 사실을 지적하기 위해서였다. 그녀는 이렇게 말했다.

"당시 나의 모든 행동은 '좋아요'와 '팔로워 수'를 늘리는 데만 목적이 있었습니다. 인생에서 가장 절망적인 시기였죠."

완벽한 이미지를 얻기 위한 끊임없는 자기 검열은 오네일에게 엄청난 대가를 치르게 했다. 친구를 사귀고, 완벽한 외모를 연출하기 위해 노력한 데서 모든 게 시작되었다. 팔로워들은 아름답고 이국적인 풍경을 뒤로 하고 서 있는, 예쁘게 피부를 그을린, 아름다운 몸매를 가진 오네일만을 보고 싶어 했고, 그녀는 엄청난 압박에 시달렸다.

오네일이 완벽하고 가장 이상적인 자아를 만드는 동안, 그녀의 진짜 자아는 뒷전으로 밀려났다. '그녀가 생각하는 그녀의 모습'은 '남들이 원하는 가장 이상적인 모습'에 가려졌다.

오네일의 경우 다시 스스로의 이미지를 통제할 수 있게 되었지만, 여전히 많은 사람들은 위험한 수준의 자기 검열 압박을 느끼고 있다.

〈사이언티픽 아메리칸〉에 따르면 소셜미디어와 기술의 발전은 인류의 정신건강 수준과 반비례한다. 2014년 샌디에이고 주립대학 심리학교수 진 트웬지Jean Twenge는 700만 명에 달하는 전국의 10대 및 성인들로부터 얻은 데이터를 연구한 결과, 오늘날 정신과 치료를 받는 10대의 비율이 80년대의 10대에 비해 더 높다는 사실을 알아냈다.

다양한 요소들이 이 같은 현상에 기여하지만, 그중에서도 소셜 미디어와 이미지 검열 강박이 10대들의 정신을 피폐하게 했다는 분석이 설득력을 얻고 있다.

무작정 자신을 표현함으로써 팔로워를 모으려고 하는 10대들의 방식은 재앙에 가까운 결과를 발생시킬 수 있다. 무조건 소셜미디어가 나쁘다는 얘기가 아니다. 많은 경우 소셜미디어는 타인과의 소통에 유용한 도구로 쓰일 수 있다. 하지만 오네일의 이야기는 브랜드가 소셜미디어에 신중히 접근해야 하는 이유를 말해 준다.

설득하고 싶다면, 먼저 귀를 기울여라

그토록 위태로운 지대에 발을 들이밀어 Z세대에게 접근하는 순간, 이들이 얼마나 커다란 부담을 안고 살아가고 있는지를 알게 된다. 그러니 마케터들은 Z세대에게 접근하기에 앞서 이들 각자가 독특한 개인이라는 사실, 이미지로 모든 걸 말하는 시대에 자신이 가진 개성의 조각들을 적당히 조합해서 개인 브랜드를 구축해나가는 엔지니어라는 사실을 이해하기 바란다.

이들에게 천편일률적인 접근이 먹히지 않는다는 것은 이미 모두 알 것이다. 단순히 우리 생각에 먹힐 만한 목소리를 만들어 이들에게 어필하는 일, 우리 생각에 이들이 듣고 싶어 할 법한 이야기를 들려주는 일은 그만두어야 한다.

진짜 목소리를 공유하고, 진짜 대화를 나누고, 진짜 소통을 시작해야 한다. Z세대를 상대로 비즈니스를 하는 시대는 지났다. 지금은 이들을 지원할 때다. 우리가 이들을 이해하고, 마케팅 대상이 아니라 인간으로 대하고 있다는 사실을 증명해야 한다. 이들의 목소리에 귀를 기울인다는 사실을, 이들의 의견을 존중한다는 사실을 느끼게 해주어야 한다.

불가능한 일 같은가? 그렇지 않다. 사실은 꽤나 간단하다. 먼저 이야기를 들어주는 것으로 시작하자. 시간을 내어 트위터와 인스타그램을 탐색해보라.

10대들은 소셜미디어에서 주로 무슨 이야기를 나누는가? 오늘 가장 핫한 주제는 무엇이었는가? 당신의 브랜드가 그 대화에 진정성 있는 기여를 하려면 어떻게 해야 할까? 거기서부터 시작이다. 진실한 소통, 솔직한 메시지를 통해 브랜드에 인간미를 부여하는 것 말이다.

마케팅 전문가이자 작가인 마크 셰퍼Mark Schaefer는 자신의 블로그에 이렇게 설명했다.

"정보는 점점 더 밀려드는데 비해 그걸 소비하는 역량에는 한계가 있습니다. 이 같은 환경 속에서는 남들보다 앞서려면 과거와는 다른, 전혀 다른 접근 방식을 취해야 합니다. 시간이 지난 뒤에는 가장 인간미 넘치는 기업들만 남을 겁니다."

하지만 대부분의 기업에 있어 브랜드에 인간미를 더하는 작업은 여전히 어렵기만 하다. 전통적인 마케팅은 소비자들에게 인상을 남겨 현혹하는 데 목적이 있었다. 그러나 너도나도 완벽을 약속하는 오늘날, Z세대는 진정성 있는 소통에 목마르다. 이들은 평생을 마케팅 대상으로 살아왔다. 이들은 1킬로미터 밖에서도 홍보성 술책이나 가짜 메시지의 냄새를 맡을 수 있다.

Z세대이자 와일드 에이전시Wilde Ageny에서 인턴으로 일했던 엠마 라이언Emma Ryan은 '솔직한' 마케팅을 강조한다.

그녀는 Z세대 앞에 당당히 나서서 자사의 브랜드 가치를 소개하고, 판매하려는 것이 무엇인지, 해당 브랜드를 구매해야 하는 이유가 무엇인지 당당히 밝힐 것을 제안한다. 다시 말하면 속임수나 계략 따위는 집어치우라는 얘기다.

그녀는 자신의 블로그 게시물인 'Z세대 마케팅 가이드-솔직할 것, 공감할 것, 그리고 신뢰할 만한 브랜드가 될 것'에 이렇게 썼다.

"솔직하게 요점부터 말할 것! 그게 바로 우리 세대의 존중과 신뢰를 얻는 방법입니다. 당신이 마케팅하려는 상품이 무엇인지, 가격은 얼마인지, 직접 솔직하게 말하세요. 그 상품이 멋지기 때문에, 우리의 삶의 질을 높여줄 것이기 때문에, Z세대를 상대로 비즈니스를 하고 싶기 때문에, 우리가 그 상품을 구매해야 한다고 솔직하게 말하는 겁니다."

10대의 눈으로 보기에도 적당량의 솔직함과 독창성을 갖춘 브랜드는 오래 갈 것으로 내다보이는 것이다. 우리 생각에 그들이 듣고 싶어 할 법한 메시지를 억지로 떠먹이려들지 말자. Z세대는 우리의 이러한 생각까지 알고 있을지도 모른다.

브랜드를 위한 브랜드가 아니라 '나'라는 브랜드를

그리 오래지 않은 과거에 젊은이들은 유명 패션 회사에서 만든, 화려한 라벨이 달린 옷을 입고 자랑스레 거리를 활보했다. 그게 성공한 밀레니엄세대의 상징으로 비쳤기 때문이다. 그러나 이제 무료 광고 열차는 덜컹거리는 소리를 내며 멈춰 섰다.

과거에 브랜드 이름을 내세워 대대적인 성공을 거두었던 주요 의류 기업들의 매출은 이제 급격한 하락세에 들어섰다. 하나의 예로 아베크롬비&피치Abercrombie&Fitch가 있다. 18세에서 22세를 주요 소비자로 삼아온 미국의 의류회사인 이 기업의 2016년도 연례 투자자 보고서에 따르면, 매출이 지난 3년 내내 하락 곡선을 그렸다.

Z세대는 브랜드 로고에는 이제 눈곱만큼도 관심이 없다. 솔직히 말하자면, 이들은 자신들이 땀 흘려 번 돈을 브랜드 로고가 달린 옷을 사는 데 쓰는 것 자체를 혐오한다.

가슴팍에 유명 브랜드 명칭이 적힌 티셔츠를 입는 것은 더 이상 과거와 같은 효과를 내지 못한다. 그렇다는 것은 이들의 감수성을 이해하지 못하는 브랜드는 조만간 잊히고 만다는 것이다.

Z세대는 자신을 꾸미고, '나'라는 브랜드를 관리하는 일에 도움이 될 브랜드에 끌린다. 그러니 당신의 브랜드가 무엇을 팔고 무엇을 홍보하든, 우선순위는 Z세대를 돕고, 격려하고, 협력하는 것이 되어야 한다. 당신의 로고가 아니라 이들의 이미지가 조명을 받아 반짝일 수 있게 하라는 것이다.

Z세대는 거대한 브랜드 옆에 얌전하게 서 있는 순진한 소비자가 아니라 스스로 자기 자신의 영웅이 되고 싶어 한다. '좋은 것이 좋은 것이다'라는 식의 해결책을 약속하는 브랜드는 성공할 수 없다. 목표가 크건 작건 그들이 스스로의 목표를 달성할 수 있도록 지원하는 브랜드가 성공할 것이다.

성공하는 브랜드가 되고 싶은가? 그렇다면 다음의 4가지 접근법을 살펴보자.

1. Z세대의 가치를 반영하자

자기의 브랜드 이미지를 보호하기 위해, Z세대는 숭고한 가치를 존중하는 브랜드만을 취급한다. 해롭거나 무지하거나, 착취를 목적으로 하거나 특정한 가치에 증오를 표하는 브랜드는 즉시 비판의 목소리에 직면하게 된다. 그 반대의 경우라면? 진정성과 공감 능력을 갖춘 브랜드는 끊임없이 이어지는 찬사를 듣게 될 것이다.

누가　아메리칸 이글American Eagle

무엇을　10대를 겨냥한 브랜드들이 대거 실패의 쓴맛을 봤을 때도 패션 브랜드 아메리칸 이글은 꾸준히 성공 가도를 달렸다. 이 회사는 소비자 개개인의 개성을 포용하는 데 공을 들이는 한편, 경쟁사들보다 훨씬 오래전부터 성적 고정관념을 내포한 상업주의는 물론이고 모든 제품에 새겨온 로고를 버리기로 결정했다. 대신 다양한 민족적 배경을 가진 젊은 성인들을 모델로 내세웠다. 문화적 배경이 다르다는 점 외에도 아메리칸 이글의 모델들은 키와 체형이 제각각이었고, 브랜드의 의류를 자신만의 개성을 살려 연출했다.

어떻게　이 같은 브랜드의 노력은 가장 최근에 진행된 '우리는 할 수 있는데, 당신은요? We All Can, Can You?' 캠페인에도 담겼고, 그 목적은 개인주의와 다양성, 그리고 자기표현에 대한 10대의 관심을 촉구하는 데 있었다. 캠페인에 사용된 시각 자료에는 '나는 누구라도 사랑할 수 있습니다', '나는 목소리를 낼 수 있습니다', '나의 미래는 내가 만들어가요', '내게 두려운 건 없습니다' 등 캠페인을 상징하는 문구가 담겨 있었다. 여기에 더해 해당 캠페인에는 오늘날 Z세대가 가장 좋아하는 인플루언서들이 참여했다.

패션 브랜드 아메리칸 이글의 마케팅 담당 카일 앤드류Kyle Andrew는 이렇게 조언한다.

"Z세대는 무작정 까다로운 게 아니라 똑같은 기준 안에 모든 사람들을 맞춰 넣으려는 시도를 하지 않는 것뿐입니다. 이들은 당신이 하는 일이 무엇이든, 누구를 사랑하든, 어떤 모습이든 별로 신경 쓰지 않죠. Z세대는 자신이 중요하게 여기는 가치를 존중하는 브랜드와 소통하고 싶어 합니다. 이제 브랜드는 그저 제품을 만들기만 하는 곳이어서는 안 됩니다. 대의를 위해 싸우는 곳이어야 하죠."

사례 연구

누가　　H&M

무엇을　저렴하면서도 스타일리시한 의류로 밀레니엄세대 사이에서 큰 인기를 끈 패스트 패션 브랜드 H&M은 Z세대의 마음을 사로잡는 데에도 성공했다. 여성의 독립성과 자유 의지를 지지하기 위해 '그녀는 숙녀She's a Lady'라는 캠페인을 펼친 것이 계기였다.

어떻게 '숙녀다움'이라는 표현에 담긴 기존의 정의를 깨부수고 새로운 정의를 세운 H&M의 광고는 다양한 사이즈와 체형, 민족 및 문화적 배경을 가진 모델들을 전면에 내세웠다. 이 모델들은 저마다의 개성을 살려 자신만의 스타일을 표현했다. H&M의 대변인은 이렇게 설명했다.

"최근 진행한 캠페인의 주제는 다양성 그 자체와, 다양한 배경을 가진, 귀감이 되는 여성들을 찬양하는 것이었습니다. 전 세계 여성들이 스스로의 개성을 포용하고 자신의 진정한 모습, 그들이 지지하는 대의에 자부심을 갖도록 격려하는 캠페인이었죠."

효과 온라인에서는 이 같은 입장을 견지한 H&M에 대한 칭찬이 쏟아졌고, 해당 캠페인은 5,700만 건이 넘는 유튜브 조회수를 달성했다.

이 캠페인 외에도 H&M은 사회적 평등을 향한 강한 의지를 표명한 다양한 캠페인을 진행했다. 2016년 H&M은 파키스탄 출신의 모로코계 무슬림 여성 마리아 아드리시Mariah Idrissi를 모델로 발탁했다.

이 광고에서 그녀는 히잡과 해당 브랜드의 선글라스를 착용했다. 그녀가 출연한 동영상 광고인 '선순환의 고리를 만들다Close the Loop'에는 그녀 외에도 다양한 국적과 성별, 사이즈의 모델들이 등장했다. 아드리시는 CNN과의 인터뷰에서 H&M의 노력을 칭찬하면서 이렇게 말했다.

"H&M은 무슬림 식으로 옷을 입는 법에 대해서도 정확히 알고 있더군요. 의복이 대단히 헐렁해야 한다는 점, 몸매를 드러내서는 안 된다는 점, 몸의 어떤 부분도 보여서는 안 된다는 점 등을 이해하고 있었습니다. 그들이 내놓은 다양한 스타일의 히잡도 모두 훌륭했습니다."

2. 투명성을 통한 신뢰 구축

진정성을 갖추고, 신뢰를 얻는 길은 멀고도 험하지만, 목적지에 도달했을 때 받는 보상은 노력의 몇 배에 달한다. 그러니 브랜드의 목소리는 진실해야 하며, 소비자가 궁금증에 대해 질문을 던질 수 있도록 기회를 제공하고, 그에 솔직히 대응할 준비를 해야 한다. 또한 원자재 조달, 배포, 직원관리에 이르기까지 브랜드가 하는 모든 행동과 결정에 투명성을 유지해야 한다.

Z세대가 신뢰할 수 없는 브랜드를 좋아하는 일은 절대 일어나지 않을 것이다. 신뢰는 허투루 쌓이지 않는다. 고객의 신뢰를 얻는 유일한 방법은 오랜 기간 일관성을 유지하는 방법뿐이다.

신념과 입장을 투명하게 밝히면서도, Z세대가 원하는 독창성과 최신 트렌드에 대한 이해를 바탕으로 최상의 품질을 갖춘 제품을 제공하는 브랜드는 이 세대를 상대로 성공할 수 있는 최고의 조건을 갖췄다고 볼 수 있다.

사례 연구

누가　나이키Nike

무엇을　나이키의 소비층은 특정한 세대에 국한되지 않는다. 그럼에도 이 브랜드는 그저 제품 판매에만 열을 올리는 대신, 훨씬 숭고한 목표에 헌신하는 모습으로 Z세대의 신뢰를 얻었다.

나이키는 '누구나 운동선수다'라는 신념을 기반으로 브랜드를 구축했다. 덕분에 나이키는 신발 및 운동복을 판매만 하는 기업에서 머무르지 않고, 브랜드와 소통하는 사람들의 생활에까지 깊이 스며든 기업으로 자리매김할 수 있었다. 인간미 넘치는 나이키는 소비자들과 소통하고, 재능이나 경험에 관계없이 모두를 운동선수로 대함으로써 그들에게 용기를 부여했다.

어떻게　나이키는 2016년에 시작한 '한계는 없다Unlimited' 캠페인을 통해 미국의 첫 번째 성전환 국가대표 선수 크리스 모지어, 사지를 절단한 환자의 몸으로 킬리만자로를 처음으로 등반한 카일 메이나드, 86세의 천주교 수녀이자 철인3종경기에 출전한 마돈나 버더 등 여러 운동선수들의 치열한 인생 이야기를 소개했다.

이 광고는 '내 의지에 한계는 없다', '내 용기에 한계는 없다', '내 싸움에 한계는 없다', '내 투지에 한계는 없다' 등의 슬로건을 통해 각 선수들의 의지와 노력을 강조하는 데 주력했다.

효과 다양성을 지지하는 일에 광고와 마케팅을 동원한 나이키는 비즈니스 모델을 통해서도 자사의 의지를 증명했다. 또한 투명성 확대 노력의 일환으로, 나이키는 자사의 내부 구조에 관한 전년도 데이터를 공개함으로써 나이키에 종사하는 근로자 대부분이 소수집단 출신이며, 전체 근로자의 48%가 여성이라는 사실을 세계에 알렸다. 이 같은 행보는 나이키가 말한 대로 행동하는 브랜드라는 이미지를 굳히는 데 기여했다.

3. 소통으로 이야기를 만들어라

"고객과의 소통은 오늘날 브랜드에게 있어 핵심적인 요소이며, 소통하지 않는 브랜드는 살아남지 못합니다. 20년 전, 웹사이트가 없는 브랜드들이 살아남지 못했던 것과 비견될 만하죠."

−빅토르 드 비타Victor De Vita, '갖고 싶은 브랜드 만들기 : Z세대의 스윗 스팟 찾기
Creating Brand Desire : Finding the generation Z'에서

Z세대에게 다가가기 위한 가장 좋은 방법은, 그들과 직접 소통하며 브랜드 스토리가 그들의 이야기가 되게 하는 것이다. Z세대를 제품 디자인과 브랜드 홍보 과정에 참여시켜 그들의 놀라운 아이디어를 활용하는 것도 좋은 방법이다.

마케팅 기획 과정에 참여시키는 건 어떨까? 92%의 사람들이 브랜드 콘텐츠보다 일면식 없는 타인을 더 신뢰하는 만큼 사용자가 만든 콘텐츠는 대단히 효과적일 수밖에 없다. Z세대에게 브랜드 소속감을 부여하고 그들을 든든한 친구로 대하면 그들은 정말로 당신의 든든한 친구가 되어줄 것이다.

사례 연구

누가 처비스Chubbies

무엇을 남성 반바지 스타트업 기업인 처비스는 공감 가는 콘텐츠와 강력한 브랜드 메시지 덕분에 Z세대에게 좋은 인상을 남길 수 있었다. 네 명의 창립자는 복고 이미지를 담은 브랜드를 만들어 다소 진지한 남성 패션 브랜드 사이에서 눈에 띌 수 있었고 포용성, 자기표현, 재미 등의 메시지를 홍보했다. 이 브랜드가 큰 성공을 거둘 수 있었던 이유에 대해 창립자 중 한 사람인 톰 몽고메리Tom Montgomery는 이렇게 말한다. "우리는 소비자를 친구로 생각하는 브랜드를 만들었습니다. 소비자들에게 직접 콘텐츠를 만들 수 있게 해 브랜드에 대한 입소문이 나도록 유도했어요. 말 그대로 커뮤니케이션으로 이 비즈니스를 키운 셈이죠."

어떻게　Z세대가 처비스에게 공감하는 이유는 복부비만을 가진 현실 속 아버지들의 몸매와 같은 모델들을 포함해서 실제 소비자들을 모델로 세웠기 때문이다. 이 같은 전략 덕분에 처비스는 소비자를 직접 비즈니스에 참여시키고, 그 과정에서 진정성까지 보여줄 수 있었다. 몽고메리는 이렇게 말한다.

"우리는 우리와 소비자의 사이를 상호 호혜적인 관계라고 봅니다. 소비자와의 관계를 비즈니스만으로 한정하는 순간, 우리는 헛발을 내딛게 됩니다. 소비자가 우리 비즈니스에 가치를 제공하듯, 우리도 그들에게 지속적으로 진정성 있는 가치를 제공해야 합니다."

효과　이러한 마케팅 전략 덕분에 처비스는 놀라운 성과를 얻을 수 있었다. 2016년 한 해 동안 처비스의 광고는 모든 소셜채널에서 3억 5,000만 뷰를 달성했고, 하계올림픽 기념 광고 중 가장 많은 온라인 시청률을 달성한 광고 목록에 이름을 올렸다.

해당 광고에는 다양한 체형과 사이즈의 실제 남성 소비자들이 모델로 등장하여 재미있는 수중 발레 동작을 선보였다. 처비스의 소셜미디어 전략이 성공할 수 있었던 이유는 마케팅팀이 소비자 피드백을 바탕으로 콘텐츠를 만들고 수정했기 때문이다. 몽고메리는 콘텐츠의 정체 현상을 피하기 위해서는 브랜드를 인간으로 생각해야 한다고 충고한다.

"사람들은 대화에 신선함과 진정성을 담기 위해 끊임없이 노력합니다. 브랜드와의 소통 역시 동일한 방식으로 이루어져야 하죠."

4. Z세대에게 영감을 제공하고, 그들로부터 영감을 얻자

마케터들은 충격, 놀라움, 슬픔, 심지어 지루함 등 소비자로부터 감정적 반응을 끌어내는 데 온 힘을 쏟아야 한다. 광고 콘텐츠를 기반으로 한 구매보다 광고에 대한 감정적 공감을 기반으로 한 제품 구매가 2,3배 더 많이 발생하기 때문이다.

사례 연구

누가 러셀 애슬래틱Russell Athletic

무엇을 스포츠 의류 브랜드 러셀 애슬래틱은 2015년에 브랜드 설립 100주년을 기념하여 자사의 브랜드 아이덴티티를 '팀 전문가 & 수호자'로 재정립했다.

대부분의 스포츠 브랜드처럼 프로팀이나 개인 선수들과 파트너십을 맺는 대신, 러셀 애슬래틱은 일반 고등학교 팀과 파트너십을 맺었다. 또한 승자를 찬양하는 전통적인 스포츠 마케팅 대신 스포츠 세계의 알려지지 않은 이야기들에 초점을 맞췄다.

러셀 애슬래틱은 전년도에 한 번의 터치다운 차이로, 혹은 그보다 못한 성적으로 챔피언십을 따내는 데 실패한 6개 학교와 파트너십을 맺고, 실패의 유령에게 쫓기던 팀원들에게 새로 시작할 수 있는 동기를 부여했다.

어떻게 러셀 애슬래틱은 실패를 통해 얻은 교훈을 바탕으로 선수들에게 강인함과 의지를 심어주는 코치가 등장하는 동영상 광고 캠페인에 '과거의 유령은 떨쳐버려(#SettleYour-Score)'라는 해시태그를 달았다.

러셀 애슬래틱은 2016년 시즌을 앞두고 각 팀의 구호가 새겨진 게시물, 배너, 포스터, 티셔츠 등으로 지역 공동체를 뒤덮었다. 모든 선수, 부모, 지역 팬들을 쫓아다니던 실패의 유령을 딛고 새 시즌을 시작할 동기를 부여하기 위함이었다. 또한 스포츠영화 〈프라이데이 나이트 라이츠Friday Night Lights〉의 전설적인 사진작가로 로버트 클라크를 섭외했다. 그는 자신만의 독창적이고 꾸밈없는, 감동을 불러일으키는 스타일로 한 팀의 컴백 과정을 영상과 사진에 담아냈다. 뿐만 아니라 러셀 애슬래틱은 해당 학교의 학생 사진가들과 파트너로 협력하며 그들의 눈에 비친 선수단의 이야기를 담아내는 동시에 SB 네이션SB Nation 및 복스미디어Vox Media와 손잡고 네 편의 다큐멘터리 영상을 제작했다. 러셀 애슬래틱의 마케팅부 수석 부사장 매트 머피Matt Murphy는 이렇게 설명한다.

"우리는 아무에게도 알려지지 않았던 이야기를 대단히 놀랍고 독창적인 방식으로 들려줍니다. 미국의 운동장에서 탄생한 이 캠페인은 러셀 애슬레틱이라는 브랜드를 우리 기업의 풍부한 핵심 유산으로 만들어주었죠."

효과　　크리에이티브 디렉터인 버크 와서먼Berk Wasserman은 2류 구단의 이야기에 담긴 진정성과 감정적 공감이 이 캠페인에 쏟아진 긍정적 피드백의 원천이었다고 말한다.

"이 캠페인은 스포츠팬들뿐만 아니라 훨씬 더 광범위한 소비자들에게도 감동을 주었습니다. 우리 모두가 공감할 만한 이야기가 담겼기 때문이죠. 미디어 회사, 고등학교팀, 저명한 사진작가와의 파트너십을 통해 완성된 이 캠페인은 여러 풋볼팀과 10대들에게 가장 절망적인 실패의 경험이 새로운 도전을 위한 가장 훌륭한 동기가 될 수도 있다는 사실을 가르쳐주었습니다."

소비자에서
파트너로

소비자에서 팬으로, 팬에서 파트너로, Z세대는 브랜드의 활동에
적극적으로 참여하고 있다. Z세대는 그저 제품의 소비자가 아니
라 당신이 가장 신뢰할 수 있는 자문단이기도 하다.

수년간의 경험으로 무장한 Z세대는 당신의 브랜드가 관심을
기울일 만한 브랜드로 성장하는 데 도움을 줄 최고의 자원이 되
어줄 것이다. 그들은 이미 이 새로운 환경을 받아들였고, 당신도
똑같이 하길 기다리고 있다.

그러니 아직 Z세대를 브랜드의 일원으로 초대하지 않았다면,
지금이라도 늦지 않았다. 광고를 내보내기 전에 이들을 초대해
마지막 장식을 도와달라고 청하라. 유명한 인플루언서들에게 선
보이기 전에 소비자들을 초대한다는 게 조금 겁나는 일일지 모르
지만 신뢰를 쌓는 건 필수다.

Z세대가 자기 자신을 표현한다면 브랜드 역시 그래야 한다. 그
들은 진정성을 원한다. 그러니 그들이 도전하고 성장하는 동안
그들의 곁에 서서 함께 걷자.

브랜드를 다듬어 나가는 과정은 어렵다. Z세대 역시 그 점을
누구보다 잘 알고 있다. 그러니 숨지 말자. 관심의 중심에 서고 싶
은 Z세대를 격려하고, 지지하고, 지켜봐주자.

그들이 새로운 슬래시를 인스타그램 프로필에 추가할 수 있게 도와주고, 그들의 농담에 함께 웃어주자. '나'라는 브랜드의 핵심은 이해와 수용이다. 그러니 구매자들의 개성을 파악하고 소비자의 목소리에 귀를 기울이자.

Z세대는 언제든 당신과 이야기할 준비가 되어 있다. 그들은 완벽하게 꾸민 인스타그램 프로필을 자신을 이해해줄 사람과 공유하고 싶어 한다. 그들은 각자의 브랜드에 몇 년을 투자해왔고, 이제 당신도 그만한 투자를 해주기를 기다리고 있다.

- **Z세대는 독특해 보이고 싶어 한다.** 하지만 또래들과 어울리지 못할 정도로 독특한 사람이고 싶지는 않다. 그들은 또래 집단의 인정과 수용을 원한다.

- **Z세대는 이전의 어느 세대보다 외모에 집착한다.** 공들여 꾸민 정체성을 대중에게 공개한 채 살아가기 때문에 10대들은 스스로를 내보이는 방식에 대단히 민감하다.

- **Z세대에게 정체성이란 시간을 들여 신중하게 완성한 작품이다.** 이와 같은 과정은 어린 나이에 시작되며 계속 진화를 거듭한다.

- **브랜드가 무엇을 팔고 홍보하든 그들의 우선순위는 Z세대를 돕고, 격려하고, 더 나아가 이들과 협력하는 것이어야 한다.** '좋은 게 좋은 것'이라는 식의 솔루션을 약속하는 대신, Z세대가 목표를 달성할 수 있도록 지원하는 브랜드가 성공한다.

- **Z세대는 자신들이 지지하는 가치를 반영하는 브랜드와 손잡는다.** 해롭거나 무지한 브랜드는 즉각 비난에 부딪치고, 진정성과 공감 능력을 가진 브랜드는 관심과 칭찬의 대상이 된다.

6장

혁신을 더한 Z세대의 '쇼핑' 여정

"오늘날의 힘 있는 소비자들은 더 이상 제품을 사지 않습니다. 그들이 사는 것은 경험이죠. 이들은 배송 매커니즘이나 광고 채널에 관계없이 자기들에게 필요한 것을 필요할 때 제공하는 브랜드와 소통합니다."

– 리서치 기업 포레스터, 〈힘 있는 소비자의 부상〉에서

2020년이 되면 Z세대가 전체 소비자의 40%를 차지하게 될 것이라고 하니 소매업의 미래는 Z세대의 손에 달려 있다고 해도 과언이 아니다. 그러나 대부분의 소매업자들은 그동안 한번도 본 적이 없는 까다롭고 강력한 영향력을 발휘하는 소비자들을 맞이할 준비가 전혀 되어 있지 않다.

미국의 비즈니스 리서치 기업 포레스터는 새로운 경험에 열려 있는 소비자, 기기 활용 및 디지털 분야에 높은 기대감을 가진 소비자, 정보를 손쉽게 찾고 평가하고 공유할 수 있는 소비자, 최고의 경험을 위해 스스로 내린 결정에 주인의식을 가지는 소비자들을 '힘 있는 소비자'로 정의한다.

흡사 Z세대의 사전적 정의처럼 들리는데, 맞는 말이 아닌가? 게다가 이 힘

있는 젊은 소비자들은 실제 세상과 디지털 세상을 구분하지 않는다. 결국 모든 것이 구분 없이 통합될 것이라고 생각하는 것이다.

더 빠른 속도, 더욱 정교하게 맞춤화된 경험을 기대하는 이들은 전통적인 비즈니스 모델을 산산조각 내며 브랜드에 새로운 도전을 안겨 주었다. 구매 결정을 내리기에 앞서 제품을 조사하고 또래 집단의 의견을 구하는 Z세대의 열정은 상품의 구매 과정 자체를 영원히 바꿔 놓았다.

여기서 끝이 아니다. Z세대는 전자 상거래 분야의 최강자인 아마존과 함께 성장한 세대다. 아마존은 누구의 도움도 없이 쇼핑의 정의를 새로 확립했다. 또한 소비자의 기호와 욕구에 강박적으로 집중하고, 모든 순간 혁신하며, 쇼핑 경험을 쉽고 즐거운 것으로 만들어 놓는 일을 완벽히 해내고 있다.

결과적으로 아마존이 수립한 기준은 이제 Z세대가 모든 쇼핑 경험에 기대하는 기준이 되었다. 이것을 '아마존 효과Amazon Effect'라고 부른다.

아마존의 기준은 매우 높아서, 이 기준을 맞추는 것은 대부분의 전통적인 소매업체를 비롯한 모든 브랜드에게 무척 벅찬 과제가 되었다. 아마존과 경쟁하며 Z세대의 마음과 생각, 그리고 지갑을 열기 위해서 우리는 어떤 노력을 해야 할까?

돈은 중요하다

Z세대가 아직 어리고 자기들끼리 통하는 유행어로 의사소통을 할지라도, 이들이 강력한 소비자임은 의심의 여지가 없다.

게다가 이들의 힘은 주머니에서 나온다. Z세대의 쌈짓돈을 무시하지 마시라. 전체 Z세대의 용돈과 아르바이트를 통해 벌어들인 금액은 미국에서만 440억 달러에 달한다. 게다가 이들이 가족의 지출에 미치는 막대한 영향력까지 계산하면, 그 숫자는 7,500억 달러로 껑충 뛴다.

그러나 이 세대는 돈을 함부로 써버리지 않는다. Z세대는 저축에 관심이 많다. 이들은 검소하며, 앞선 세대들에 비해 투자한 돈에 대해 훨씬 큰 기대를 갖는다. 밀레니엄세대와 마찬가지로 물질보다 경험을 중시하지만, 빚을 내는 일에는 관심이 없다. 익스페리언Experian, 신용정보 보호 및 개인정보 도용 방지 전문 웹사이트-역자 주에 따르면, 베이비부머세대의 부채에 비하면 Z세대의 부채는 3분의 1 수준이다.

물론 두 세대가 현재 속한 인생의 단계가 다르고, Z세대의 경우 부채를 쌓아 올릴 만한 시간이 짧았다고 치더라도, 대다수가 대학입학을 앞둔 지금 학자금 대출과 손쉽게 신청할 수 있는 신용카드 등을 통해 빚의 구렁텅이에 빠져들 기회는 지천에 널려 있다.

그러나 이들은 젊음을 마음껏 탕진하는 대신, 보다 재정적으로 안정적인 미래를 선택했다. 학자금 융자 정보업체인 스튜던트 론 히어로Student Loan Hero에 따르면, Z세대는 다음과 같은 측면에서 앞선 세대들보다 세상 물정에 밝다.

- 앞선 세대들에 비해 신용카드 발급 비율과 부채 비율이 낮다.
- 출발 시점의 부채가 적다.
- 가진 돈의 가치를 더 크게 생각한다.
- 절약 기회를 선호한다.
- 커리어 및 재정 안정성 확보를 위해 노력한다.

Z세대의 부모들을 이 같은 자녀의 성향을 무척 만족스러워할 테지만, 소매업체들에게는 부담으로 다가올 것이다. 판매량 예측이 어렵고, 때때로 좌절감을 느낄 정도다.

그러나 자신감을 잃지 말자. 상황이 전부 암담하고 우울하기만 한 것은 아니다. Z세대 역시 제품 또는 경험 속에서 가치를 발견할 때면 기꺼이 지갑을 연다.

Z세대 상품 구매 경로를 추적해온 IBM 연구소의 〈유일무이한 Z세대〉 보고서에 따르면, 이들은 가치 있는 소비에 월수입의 절반 이상을 쏟아 부을 수도 있다. 문제는, 이들이 브랜드와 제품, 그리고 서비스에 그 돈을 쓰도록 확신을 주려면 마케터인 우리가 무엇을 해야 하는가에 달려 있다.

흥미로운
구매 과정

마케터들은 과거 소비자들의 전형적인 쇼핑 여정을 그리워한다. 브랜드 인지를 시작으로 브랜드 고려, 브랜드 선호, 구매, 브랜드 충성의 단계로 이어지는 전형적인 판매 및 마케팅 과정을 보며 소비자의 행동을 단계별로 예측할 수 있던 시절이 있었다.

당시에는 마케터가 정해진 일을 제대로만 했다면 쇼핑객들은 마케터와 영업팀이 이끄는 대로 맨 먼저 브랜드 인지 단계에 들어선 뒤 순조롭게 구매 단계로, 그리고 마지막에는 브랜드 충성 단계로 들어섰다(자료 6-1 참고).

자료 6-1 **전통적인 쇼핑 여정**

그러나 안타깝게도 이 규칙은 더 이상 유효하지 않다. 정보가 홍수를 이루는 지금 특히 다양한 정보로 무장한, 높은 안목을 갖춘, 그러나 집중력이 짧은 Z세대와의 접점은 절대 순차적으로 발생하지 않는다. 따라서 마케팅팀과 영업팀은 머리를 맞대고 '소비자의 선택'이라는 구불구불한 길을 따라 이들을 만나고 만족시켜야 한다.

Z세대의 쇼핑 여정은 전통적인 대중 광고를 접하는 데서 시작되지 않는다. 휴대폰을 매개로 한 소셜미디어, 그리고 친구들과의 네트워크가 쇼핑의 시작점이다. 이들은 항상 구매에 앞서 제품에 대해 검색한다. 매장에 들어선 뒤에 검색을 시작하는 경우는 기껏해야 6%에 불과하다.

4장에서 논의했듯이 Z세대의 구매 결정에 가장 큰 영향력을 행사하는 사람은 또래 집단이다. 2017년에 글로벌 컨설팅 업체 액센츄어Accenture가 실시한 '글로벌 소비자 쇼핑 설문조사'에서 Z세대의 44%가 제품 구매에 영향을 주는 가장 즐겨 찾는 정보원으로 소셜미디어를 꼽았다.

리테일 및 브랜드 자문 회사인 피치Fitch는 이전 세대와 달리 Z세대에게는 상품을 구경하는 것과 구매하는 것 사이에 특정한 시기가 존재한다고 말한다.

피치의 전략 담당이사 미셸 펜슈터메이커Michelle Fenstermaker는 이를 '성공을 위한 탐색'의 시기라고 부르는데, 이는 Z세대가 '구

X세대 및 밀레니엄세대

탐색   구매

Z세대

성공을 위한 탐색
제품 물색, 스크랩 북 만들기,
염두에 둔 제품 알리기

탐색   구매

자료 6-2   **성공을 위한 탐색**

매할 만한 제품 물색에 나서고, 스크랩북을 만들고, 구매를 염두
에 둔 제품에 대해 알리고, 자신의 소셜미디어 서클로부터 의견
을 구하는 시기'를 말한다(자료 6-2 참고).

어찌 보면 당연한 일이다. 2017년 마케팅 컨설팅 기업 HCR
리테일 어드바이저리HCR Retail Advisory에서 실시한 설문조사에서 Z
세대 응답자의 절반 이상이 쇼핑 과정에서 소셜미디어를 통해 의
견을 수렴하고, 40% 이상이 또래 집단의 의견을 바탕으로 구매
결정을 내린다고 응답했다.

성공을 위한 탐색 기간 외에, 피치가 제시한 'Z세대 소비자들
의 5단계 구매 과정'의 개념도 흥미롭다. 그 과정은 또래의 제안,

발견　　　탐색　　　의사 결정　　구매　　　보여주고
　　　　　　　　　　　　　　　　　　　　　　　　　의견 나누기

가시성　　　접근　　　확신　　　가격　　　충족

자료 6-3　5단계 구매 과정

웹사이트, 소셜미디어, 인플루언서, 계획에 없던 매장 방문, 특정한 종류의 광고 등 소비자와의 다양한 접점을 통해 제품에 대한 정보를 파악하는 데에서 시작된다(자료 6-3 참고).

일단 제품에 관심이 생기면, Z세대는 온라인을 통해 제품을 검색한다. 이때 가장 자주 사용되는 검색엔진은 구글이다. Z세대가 자주 이용하는 검색엔진을 통해 이들과 교감하는 것은 필수다.

'대부분의 광고'는 사용자의 일상을 방해하고, 특정 사용자가 제품을 구매할지 여부에 도박을 거는 식으로 이루어진다. 그러나 검색엔진 최적화와 클릭 수에 따라 광고료를 지불하는 방식의 광고는 소비자가 당신의 제품을 검색하는 순간 브랜드의 메시지를 바로 제공한다.

이는 전혀 새롭거나 섹시한 마케팅 전략은 아니지만 대단히 효과적이다. 하지만 검색 결과로 나온 정보 링크 3개가 연달아 전형적으로 돈을 받고 작성된 '대부분의 광고'라면, Z세대는 주저

없이 네 번째 링크를 클릭하는 세대라는 점을 기억하라. 이들은 광고성 검색 결과보다 메시지가 담긴 가치 있는 검색 결과를 신뢰한다.

브랜드가 어떤 검색 방식을 마케팅에 활용하는 지와는 상관없이 일단 구글이 당신의 브랜드를 높이 샀고, 덕분에 Z세대가 당신의 웹사이트를 클릭했다면, 소비자를 웹사이트에 오래 붙잡아 두는 일은 전적으로 당신에게 달렸다.

콘텐트스퀘어ContentSquare가 최근 발행한 책《Z세대 : 쇼핑세대의 탄생Generation Z : The coming of shopping age》에 따르면, 대부분의 세대가 특정 웹사이트의 시작 페이지만 살펴본 뒤 떠나버린 것과는 달리, Z세대의 경우 자세히 살펴보기 전에 웹사이트를 떠난 비율이 51%나 낮았다.

이들의 탐구욕과 간결한 콘텐츠를 선호하는 성향을 생각하면, 사실 Z세대는 마케터들로 하여금 자신들에게 이야기를 들려줄 기회를 충분히 주고 있는 셈이다.

그러나 이들이 당신의 이야기를 좋아했다고 해서 첫 번째 방문이 제품 구매로 이어질 거라고 기대하지는 말아야 한다. 이 검소한 소비자들은 좋은 물건을 찾았을 때 느끼는 스릴을 즐기며 최고의 거래를 달성할 때까지는 절대 지갑을 열지 않을 것이다.

이 때문에 Z세대는 세 번째 구매 단계인 의사 결정 단계에 들어서기 전이라면 당신이 제시한 조건이 아무리 놀라워도 주저 없이 당신의 웹사이트를 떠나 다른 웹사이트를 방문해 비교하고 주위의 의견을 구할 것이다.

이러한 대화 단절 단계를 피하려면 온라인 리뷰 플랫폼을 구축하는 것도 하나의 방법이다. Z세대는 리뷰를 읽을 뿐만 아니라 리뷰를 작성하기도 한다. 당연히 구매하려는 제품 사용 후기를 읽기 위한 목적으로 상품의 후기를 올린 블로그나 웹사이트를 방문한다. 그러니 바로 관련된 리뷰를 찾아 읽을 수 있게 웹사이트를 구성하면, 이들의 검증 욕구를 충족시킬 수 있을 것이다.

사용 후기 검증을 하는 동시에, 이들은 제품의 가격을 적극적으로 비교한다. 제품 사용 후기는 소비자의 마음을 움직이고 제품 가격 비교 결과는 소비자의 머리를 움직인다. 많은 Z세대는 아마존, 이베이, 또는 다른 가격 흥정 웹사이트를 방문해서 동일한 제품이 할인된 가격으로 나와 있지 않은지, 유사한 제품은 가격이 얼마인지 살핀다.

아니면 친구들에게 자신이 사려는 것과 같은 제품이나 비슷한 제품이 집에 있는지, 그 제품을 자신에게 팔거나 다른 제품과 교환할 의향이 있는지 묻기도 한다. 이 정도라면 전문 딜러라 해도 손색이 없지 않은가!

마지막으로, 피치의 5단계 구매 과정 중 가장 흥미로운 단계인 '보여주고 의견 나누기'를 보자. Z세대는 이 단계를 밀레니엄세대로부터 습득해서 새로운 방식으로 활용하고 있다.

자신의 또래 집단과 직접 소통하기 위해 구매한 제품을 사진 또는 영상에 담고 '하울hauls'이라는 제목을 달아 소셜네트워크에 공유하는 것이다. 하지만 뜻밖의 결말로 이어지기도 한다. 자신이 원하고 기대한 만큼의 반응이 되돌아오지 않으면 해당 제품을 망설임 없이 반품하는 것이다.

쇼핑몰이여, 영원하라

"무엇이 되었든, 쇼핑은 그들이 기대하는 것을 사냥하는 짜릿한 즐거움을 선사합니다."

—마크 매튜스Mark Mathews, 'Z세대의 쇼핑과 패션 트렌드 입문
Generation Z : A primer on their shopping and fashion habits'에서

그렇다면 이들의 쇼핑은 어디서 완성될까? 지금까지 나눈 이야기만 되짚다 보면 누군가는 Z세대의 쇼핑이 스마트폰에서만 이루어진다고 생각할지 모른다. 하지만 놀랍게도 Z세대는 여전히 쇼핑몰에서의 쇼핑을 즐긴다.

2016년 7월에 리테일 퍼셉션즈가 실시한 연구에 따르면 10대들은 식품, 건강 및 미용 제품, 신발, 의류 등을 직접 구매하는 걸 더 선호하는 것으로 나타났다.

인터넷이 아무리 모방하려고 해도 쇼핑몰만이 선사할 수 있는

즐거움이 있다. 만지고, 느끼고, 직접 착용해보는 경험은 온라인에서 제공하는 그 무엇보다 항상 우월하다.

이 세상의 그 어떤 소셜미디어 플랫폼도 가장 친한 친구를 대신할 수 없고, 지구상의 그 어떤 드론도 직접 매장에서 신상품 신발을 구매하는 것보다 더 빠르게 배송해줄 수는 없다(자료 6-4 참고).

계산하려면 줄을 서야 한다거나 재고가 부족하다거나 하는 불편은 여전히 남아 있지만, 제품을 직접 보는 것 자체가 특별한 경험이다. Z세대 역시 이 점을 잘 알고 있다.

구매하기 전에 착용해볼 수 있다는 가장 큰 장점 외에 도움을 주는 매장 직원들의 영향력도 간과해서는 안 된다. Z세대는 자신이 구매하려는 제품에 대해, 그리고 그 제품이 자신에게 어떤 도

장점
- 직접 제품을 볼 수 있다
- 매장 안을 탐색할 수 있다
- 즉시 제품을 받을 수 있다
- 매장 점원의 맞춤형 조언을 받을 수 있다
- 나만의 경험을 즐길 수 있다

단점
- 줄을 서야 한다
- 재고가 부족하거나 사이즈가 없다

자료 6-4 **오프라인 매장 쇼핑의 장단점**

움이 될지에 대해 완전히 이해하지 않고서는 지갑을 열지 않는다.

특히 건강 및 미용 제품의 경우엔 전문가의 가이드 없이는 혼란스럽고 어려울 수 있기 때문에 오프라인 매장이 우위를 점하는 추세다. 30달러짜리 세안제를 구매할 때 전문가가 해당 제품이 가진 효과를 설명해주면 구매 과정이 훨씬 수월할 것이다.

HRC 리테일 어드바이저리가 최근 실시한 설문 조사에 따르면 10대의 72%가 여전히 최소 한 달에 한 번은 쇼핑몰을 찾는 가장 큰 이유로 즉각적인 만족감, 편리한 서비스, 피팅룸 등을 꼽았다.

그러나 10대들이 오프라인 쇼핑에 소비하는 시간을 살펴보면 흥미로운 사실이 드러난다. 약 한 시간에 기껏해야 걸쳐 쇼핑을 즐기지만 그 한 시간은 기껏해야 최대 5개 매장에 배분되고 윈도우 쇼핑에는 시간을 거의 할애하지 않는다는 점이다.

Z세대는 이곳저곳을 돌며 친구들과 시간을 보내지 않고 오직 한 가지 목표를 완수할 뿐이다. 구경하다가 충동적으로 구매에 나서는 소비자들에 의존하던 매장들은 매장에 발길도 들이지 않는 10대들 덕분에 어려움을 겪을 것이다.

2017년에 메이시즈Macy's 백화점에 입점해 있던 유명 브랜드 매장들은 대거 폐점되는 아픔을 겪어야 했다. 대부분의 전문가들은 수요와 공급의 불균형을 가장 큰 원인으로 꼽았다. 구경할 만한 매장이 지나치게 많다는 것이다.

여전히 10대들의 인기를 끌고 있는 어반 아웃피터스Urban Outfitters의 CEO 리차드 헤인Richard Hayne마저도 소매업의 시장 규모가 지나치게 크다고 지적한다.

"주택 시장과 마찬가지로, 우리 업계 역시 1990년대와 2000년 대 초반에 지나칠 정도로 확장되었습니다. 수천 개의 매장이 새로 문을 열었죠. 때문에 부동산 시장과 마찬가지로 거품이 생겼고, 최근 들어 그 거품이 터져버린 겁니다."

소매업계 거품의 붕괴는 거의 모든 도시에서 동시에 목격되고 있다. 거대한 건물들과 쇼핑몰 전체가 텅 빈 채로 남아 있다. Z세대는 푸드코트나 여름세일에는 도통 관심이 없다. 이들의 발길을 붙잡는 건 의미 있는 경험뿐이다.

사례 연구

누가　어반 아웃피터스Urban Outfitters

무엇을　패션 브랜드 어반 아웃피터스는 실험적 소매 매장 으로의 변화를 시도함으로써 돌파구를 마련했다. 어반 아 웃피터스의 수석 글로벌 크리에이티브 디렉터 조안나 어윙 Joanna Ewing에 따르면, 이 브랜드는 매장을 그저 옷을 사는 곳이 아니라 '리테일테인먼트', 즉 리테일과 엔터테인먼트가 결합된 장소로 탈바꿈시켰다.

어떻게　어반 아웃피터스 뉴욕 라이프스타일 센터에 마련된 해럴드스퀘어의 57,000m²에 달하는 매장 안에는 헤어샵, 카페, 최첨단 기술 시연장 등이 마련되어 있다. 뿐만 아니라, 전국에 위치한 매장 내 부대 시설에서 각종 행사와 파티, 콘서트 등을 정기적으로 개최함으로써 쇼핑 경험에 혁신을 더했다. 어윙은 소비자들의 일상 속 순간에 다가가려는 브랜드의 노력에 대해 이렇게 말했다.

"이들에게 새로운 경험을 선사하기 위해 우리는 모든 걸 쏟아붓고 있습니다. 우리의 10대 소비자들은 인생에서 가장 흥미진진한 시간들을 지나고 있으니까요."

효과　소비자들을 온라인 쇼핑몰에 빼앗기지 않으려는 소매 매장들의 사투가 벌어지는 동안 어반 아웃피터스는 일반적인 소매 매장들과 달리 새롭고, 그 어느 때보다 혁신적인 경험을 제공함으로써 Z세대의 공감을 얻을 수 있었다. 종잡을 수 없는 Z세대를 목표로 마케팅 전략을 세우는 브랜드들은 이 세대의 짧은 집중력을 사로잡기 위해 끊임없이 변화의 길을 모색해야 한다. 어반 아웃피터스의 전직 크리에이티브 디렉터 스테판 브라이어스Stephen Briars는 이렇게 설명했다.

"도서관이나 카페처럼 부대 행사를 마련해 소비자들에게 소속감을 부여함으로써, 우리는 브랜드가 추구하는 라이프스타일을 홍보하는 데 그치지 않고 소비자가 직접 발견하고 즐길 수 있는 새로운 쇼핑 환경을 만들 수 있었습니다."

매장에서의 쇼핑은
경험이 모든 것을 결정한다

오늘날 오프라인 매장의 성공은 완벽한 상품 진열보다는 소비자가 열광하는 기술을 브랜드 제품에 녹여내는 일에 달렸다고 해도 과언이 아니다.

10대들은 모바일 기기를 사용해서 제품의 위치를 찾고, 브랜드의 앱을 통해 특별 쿠폰을 다운로드하고, 모바일이나 무인계산대를 통해 결제할 수 있기를 바란다.

영리한 매장 경험 전략 역시 핵심적인 역할을 한다. 밝은 음악과 친절하고 센스 있는 직원 등 소비자 경험을 더욱 친밀하고 재미있는 것으로 만들 수 있다면 무엇이든 좋다.

한 가지 더, 기본을 잊지 말자! 매장 직원들의 역할은 구매를 강요하는 게 아니라 쇼핑을 돕는 것이다. 물건을 파는 데만 급급해하지 말고 소비자의 질문에 친절하고 적절한 답을 제공하자.

무엇보다도, Z세대를 존중하자. 조금이라도 자신을 무시하는 조짐이 보이면 그들은 그 순간 경쟁 매장으로 떠나고 말 것이다. 본질적으로 그들의 SNS에 올릴 만한 가치가 있는 경험을 만드는 게 핵심이다.

텍사스 댈러스에 본점이 있는 백화점 니만 마커스Neiman Marcus는 벽에 적힌 낙서를 보고 피팅룸에 기술을 접목시키는 창의적인 방법을 고안해냈다.

이 백화점은 '메모리 거울memory mirror'이라고 불리는 3D 증강 현실 거울을 34곳에 설치해 고객 서비스를 보완했다. 거울에 달린 카메라가 거울을 보는 사람의 깊이감, 질감 등을 인지하고, 여기에 이미지 보정 기술을 더해 옷을 입은 듯한 실사 화면을 보여준다. 이제 소비자들은 직접 착용해보지 않아도 자신에게 어울리는 옷과 액세서리를 손쉽게 결정하고 구매할 수 있다.

디지털 혁신을 물리적인 공간에 도입함으로써, 이 브랜드는 최적의 매장 경험을 선사하는 동시에 소비자들에게 더 큰 자신감과 더 많은 정보를 제공할 수 있었다.

사례 연구

누가　애플Apple

무엇을　디지털 기술과 매장 경험이 매끄럽게 연동된 애플의 모범 사례를 살펴보자.

어떻게　애플은 편리한 고객 서비스와 디지털 기술 경험을 제공한다. 아이패드를 손에 든 직원들이 소비자들을 돕고, 소비자들은 구매에 앞서 모든 기기를 실제로 사용해볼 수 있다. 기기를 구매할 생각 없이 최신 기술을 시연해보려고 애플 스토어를 찾는 사람들도 있다. 이곳에서는 심지어 계산대도 눈에 보이지 않는 곳에 감춰져 있고, 지불도 디지털을 통해 이루어진다.

물론 온라인으로도 제품 정보를 얻을 수 있고, 주문한 제품을 집이나 가까운 애플 스토어로 배송받을 수도 있다.

소비자들은 통합된 ID로 애플의 모든 프로그램과 서비스를 이용할 수 있고, 어느 기기에서든 앱 스토어에 로그인할 수 있으며, 매장에 들어서는 순간 자동 체크인을 통해 각종 이벤트와 공지를 받아볼 수 있다. 온라인 토론 또는 지원 활동에 참여하거나 아이클라우드iCloud에 접속할 수 있다. 심지어 애플의 제품 라인 중에는 서로 호환되어 작동하는 제품들이 있어, 각각의 기기가 지원하는 모든 기능들을 온전히 활용하고 싶은 소비자들의 구매욕을 자극한다.

효과　　애플은 모든 면에서 경쟁사들을 앞지르는 기업으로 명성을 얻어왔다. 제품은 사용이 편리하고, 고객 서비스는 접근이 편리하다. 소비자들은 온라인에서든, 오프라인에서든, 혹은 다른 플랫폼을 통해서든 모든 고객 서비스를 손쉽게 누릴 수 있다. 유클리드 애널리틱스Euclid Analytics의 CEO 브렌트 프랜슨Brent Franson은 자랑스럽게 말한다.

"제품을 마음껏 가지고 놀다가 질문이 생기면 곁에 있는 직원들에게 자유롭게 물어봅니다. 그러면 언제든 원하는 답을 얻을 수 있죠. 게다가 하나의 ID로 모든 서비스를 누릴 수 있답니다."

편리하고 효율적인 온라인 쇼핑

"Z세대는 직관적이고, 친근하고, 공감할 수 있는 기술을 기대합니다. 새로 마주하게 될 가장 훌륭한 경험들이 자신들의 기대와 일치하길 바라는 거죠."

─스티브 로플린Steve Laughlin, '디지털 시대를 사는 Z세대의 98%는 여전히 오프라인 쇼핑을 즐긴다 Despite living a digital life, 98 percent of generation Z still shop In-Store'에서

온라인 쇼핑은 Z세대가 오프라인 쇼핑에 대해 가지는 두 가지 불만사항, 즉 '줄서기와 재고 부족' 문제를 해결해준다. Z세대는 오프라인 매장 쇼핑을 가장 좋아하는 쇼핑으로 손꼽지만, 그럼에도 불구하고 이들은 여전히 온라인으로 쇼핑을 즐긴다. 또한 지속적인 기술 발전으로 온라인 쇼핑이 더욱 쉽고 빨라짐에 따라 그 추세는 더욱 가속화될 것으로 보인다.

무엇보다도 이들은 아마존 등장 이후 나고 자란 디지털 원주민이다. 다시 말하면 '오프라인보다 온라인이 편한' 세대인 것이다.

하지만 이런 경향이 Z세대에게만 해당되는 건 아니다. 모든 연령대의 쇼핑객들도 온라인 쇼핑의 이점을 파악했다. 특히 '블랙 프라이데이' 같은 쇼핑 홀리데이에 열광하는 소비자일수록 온라인 쇼핑을 선호한다.

길게 늘어선 줄, 북적거리는 인파를 피해 집에 편안하게 앉아 온라인으로 재고를 파악하고, 할인율을 계산하고, 며칠만 기다리면

구매 제품을 집으로 배송 받을 수 있으니 훨씬 편리하지 않은가.

알아두어야 할 것은 Z세대는 쇼핑을 자신이 기대했던 대로, 그러니까 문제없이 즐길 수 있었을 때만 만족을 느낀다는 점이다. 앞서 소개했던 〈유일무이한 Z세대〉 보고서에 따르면 Z세대 응답자의 절반가량이 쇼핑에서 가장 중요한 요소로 제품 검색이 용이한 환경을 꼽았고 60% 이상이 탐색이 어렵거나 느린 앱이나 웹사이트는 사용하지 않는다고 답했다.

반면 웹사이트가 완벽하게 작동한다면, 그 브랜드는 실질적인 보상을 얻게 된다. 콘텐트스퀘어는 Z세대의 경우 사용하던 웹사이트를 떠나는 비율이 다른 세대에 비해 2배가량 높다는 연구 결과를 내놓았다.

그러니 '첫인상을 남길 기회는 단 한 번뿐'이라는 오래된 격언을 마음에 새기자. 첫 번째 온라인 쇼핑에서 긍정적인 인상을 남겨야 한다.

웹사이트를 방문하고, 원하는 제품을 찾고, 주문하고, 웹사이트를 빠져나가는 일이 아주 간편해야 한다. 클릭 한 번이면 이들이 경쟁 쇼핑몰로 발길을 돌릴 수 있다는 사실을 잊지 말자. 콘텐트스퀘어의 설립자이자 CEO 조나단 체르키Jonathan Cherki는 이렇게 말한다.

"이제 사용자 경험이 새로운 영업사원이자 고객지원 담당자입니다. 천편일률적인 사용자 경험만으로도 효과를 보던 시절은 이미 지난 지 오래입니다. 미래에는 사용자 경험 자체가 브랜드의 이미지를 결정하게 될 겁니다."

그러니 색상 배치에서부터 이미지 선택, 지불과 관련된 용어 선택까지 디지털 매장이 제공하는 모든 것에는 브랜드의 이야기가 담겨야 한다는 사실을 기억해두자.

필요한 건 스피드다

사용자 경험에 대한 이야기가 나왔으니 바로 본론으로 들어가 브랜드가 긍정적인 이미지를 쌓는 데 빼놓을 수 없는 요소인 '스피드'에 대해 알아보자.

Z세대는 모든 경험이 지체 없이 이루어지기를 원한다. 이들이 여전히 오프라인 매장을 방문하는 이유 중 하나도 바로 스피드, 즉시 얻을 수 있는 만족감 때문이다. 이들은 배송 정보가 모호하거나 며칠 내로 물건을 받지 못하는 상황이 되면 조금도 주저하지 않고 온라인 구매 내역을 취소한다.

프리미엄 배송료를 지불해서라도 당일 배송을 받는 사치를 누리려는 게 바로 Z세대다. 고객 주문 소프트웨어 제작사 테만도 Temando에서 최근에 실시한 설문조사에 따르면, 응답자의 61%가 추가 비용을 지불하더라도 당일 배송을 선택하겠다고 답했고,

58%는 한 시간 내에 배송을 받을 수 있다면 훨씬 더 많은 비용을 지불할 용의가 있다고 답했다. 한 시간 내에 배송이라니! 다시 한 번 말하지만, 인내는 Z세대의 덕목과는 거리가 멀다.

그렇기에 소매업체들도 다양한 온라인 배송 서비스를 갖춰야 하며, 약속한 배송 기간을 반드시 지켜야한다. 아니면 판매 촉진을 위해 특정한 금액 이상 쇼핑했을 때 무료배송 서비스를 제공하는 것도 좋은 생각이다. Z세대는 자신이 좋아하는 브랜드 제품을 빠르게 배송받고 싶어 한다. 힘내자!

소셜네트워크를 통한 구매

형식과 기능이 완벽하게 결합된 '소셜바잉social buying'은 소비자에게도 마케터에게도 최대 이익을 제공한다. 소셜바잉 이전의 시대에는, 방금 지나간 사람이 입은 예쁜 셔츠가 마음에 들었다면 '새가 그려진 멋진 셔츠'라는 검색어를 구글에 입력한 뒤에 끝도 없는 검색의 늪에 빠져야 했다.

요즘은 자신이 좋아하는 인플루언서의 유튜브 동영상을 보다가도, 그가 입은 멋진 셔츠가 마음에 들었다면 그냥 '지금 구입하기' 버튼만 누르면 끝난다. 클릭 한 번이면 모든 게 해결되는 것이다.

전자 상거래와의 매끄러운 통합을 이룬 페이스북, 사용자가 실제 제품을 활용해서 멋진 코디를 완성할 수 있게 해주는 플로이보어Ployvore, 브랜드로 하여금 자사의 제품, 가격, 심지어 재고량까지 콕콕 집어 제공할 수 있게 해주는 핀터레스트까지.

소셜바잉의 핵심은 소셜미디어를 이용하는 도중에 손쉽게 제품을 구매할 수 있어야 한다는 것이다. 소셜미디어를 당신의 웹사이트와 연동하는 것은 소셜바잉이 아니다. 발견이 곧바로 자연스럽게 구매로 이어지는 환경을 조성하는 것이 소셜바잉이다.

경험을 넘어
공감 이끌어내기

Z세대는 쇼핑 게임의 판을 바꾸어놓고 있다. 이들은 여전히 온라인 쇼핑몰에 가서 쇼핑을 즐기지만, 오프라인 매장 쇼핑에 대해서도 흥미를 잃지 않는다. 이들은 오프라인 매장을 쇼핑 경험이라는 거대한 카테고리에 속한 하나의 요소로 볼 뿐이다. 가장 나이 어린, 그러나 가장 섬세한 소비자인 Z세대의 지갑을 열기 위해서는 온라인 및 오프라인 쇼핑 경험에 모든 것을 바쳐야 하며, 이 두 가지 경험은 매끄럽게 연동되어야 한다.

Z세대는 효율성과 속도, 다양한 선택지, 유용한 서비스 모두를

기대한다. 그리고 오프라인에서도 온라인에서도 그들의 기대 수준은 동일하다.

이를 충족시키기 위해서 그냥 인상을 남기는 것이 아니라 공감 그 자체를 목표로 삼아야 한다. 어떤 쇼핑 경험을 제공할지 충분히 생각하고, 브랜드가 운영하는 온라인 및 오프라인 매장의 강점과 약점을 계산해야 한다. 그런 다음 쇼핑 과정을 더욱 빠르고, 쉽고, 즐겁게 만들기 위한 전략을 개발하자.

Wi-Fi, 앱, 소셜바잉, 모바일 최적화 웹사이트 등에 대해 이야기했지만, 이와 같은 전략들은 그저 출발점에 불과하다. 당신의 브랜드가 잘하는 것은 무엇인지, 온라인에서도 당신의 브랜드는 매력적인지, 소비자의 니즈를 초반에, 그리고 자주 만족시키려면 어떻게 해야 할지를 항상 염두해두자.

새롭게 바꿀 것이 너무 많아 혼란스럽겠지만, Z세대는 모든 소통에서 가치를, 그리고 최고의 경험을 기대할 뿐이다. 그러니 브랜드들은 이를 제공할 수 있도록 노력해야 한다.

▪ **Z세대는 실제 구매를 하기 전에 '성공을 위한 탐색' 기간을 거친다.** 구매를 염두에 둔 제품을 소셜미디어를 통해 검색하고, 또래 집단으로부터 의견을 구하기 위함이다.

▪ **10대들은 식품, 건강 및 미용 제품, 신발, 의류 등을 매장에서 직접 구매하는 걸 선호한다.** 이들은 구매하려는 제품에 대해, 그리고 그 제품이 자신에게 어떤 도움을 제공할 수 있는지에 대해 완전히 이해하지 않고는 지갑을 열지 않는다.

▪ **Z세대에게 온라인 쇼핑이 오프라인 쇼핑보다 높은 점수를 받기 위해서는 온라인 쇼핑에 어떤 흠도 없어야 한다.** 스피드와 편리함은 필수다.

▪ **형태와 기능이 완벽하게 결합한 소셜바잉은 소비자와 마케터 모두에게 최대의 이익을 제공한다.** 소셜바잉의 핵심은 발견이 구매로 자연스럽게 이어지는 환경을 조성하는 것이다.

▪ **Z세대는 모든 소통에서 가치를, 그리고 최고의 경험을 얻게 되길 기대한다.** 따라서 브랜드는 이 두 가지 모두를 제공해야 한다.

7장

핫한 브랜드, 쿨한 아이디어

"기업에게 브랜드란 사람에게 평판과 같습니다. 인간은 어려운 일들을 제대로 해내려 노력하는 과정에서 좋은 평판을 얻는다는 걸 기억하세요."

– 제프 벤조스Jeff Bezos, 〈온라인 엑스트라 : 입소문의 힘에 대한 제프 벤조스의 생각
Online Extra : Jeff Bezos in Word-Of-Mouth Power〉에서

핵심은 '나'라는 브랜드에 있다는 점을 기억하자. Z세대 소비자들은 자신이 브랜드 세상의 중심이길 기대하며, 언제 어디서나 자기들의 요구에 딱 맞는 경험을 누릴 수 있길 바란다. 이제는 브랜드가 개별화, 맞춤화된 경험을 독창적이고 의미 있는 방식으로 제공해야 한다는 뜻이다.

물론 브랜드로서는 이러한 니즈를 충족시킨다는 것이 결코 쉽지 않은 일이다. 아메리칸 익스프레스American Express와 포레스터가 2017년 진행한 연구에 따르면, Z세대는 대부분의 브랜드가 제공하는 스피드와 보안, 경험에 아직 만족하지 못하는 것으로 드러났다.

보고서는 모든 브랜드에게 '힘 있는 소비자 중심주의라는 새로운 세계 질

서'에 지속적으로 촉각을 곤두세울 것을 조언한다.

Z세대는 다른 누구도 제공하지 못하는 특별한 뭔가를 선사할 브랜드를 기다린다. 이들은 자사만의 독특한 강점을 가진 브랜드, 일반적인 문제에 일반적이지 않은 해결책을 제시하는 브랜드를 가치 있게 여긴다.

또한 이들은 동일한 가격대를 제시하는 2개의 브랜드가 동일한 문제 해결책을 내놓았더라도 둘 중 승자를 가리기 위해 깊이 고민하는 세대다. 이들보다 앞선 밀레니엄세대에게도 통했던 한 가지 방법, 브랜드가 Z세대에게 인상을 남길 수 있는 한 가지 핵심 전략이 있다. 바로 '목표의 증거'를 제시하는 것이다.

목표의 증거를
제시하라

'목표의 증거'란 창의적인 슬로건이나 똑똑한 마케팅 캠페인과는 거리가 멀다. 이것은 가치와 신념을 입증하려는 기업이 취하는 가시적인 노력의 단계다.

당신의 브랜드는 세상을 더 나은 곳으로 만들기 위해 어떤 노력을 하고 있는가? 당신의 브랜드는 선한 쪽으로 작용하는가? 당신의 브랜드는 젊은 소비자들의 핵심 가치와 이상에 얼마나 동의하는가?

Z세대는 브랜드가 주장하는 목표만 보고 구매를 결정하지 않는다. 그들은 목표의 증거가 되는 브랜드의 행동을 보고 지갑을 연다.

예컨대 생활용품회사인 P&G나 유니레버Unilever 같은 브랜드들은 브랜드의 목표를 모두에게 드러낸다. P&G는 여성과 소녀들의 인권 향상을 위해 시작한 '여자답게Like a Girl' 캠페인으로 널리 알려져 있다.

P&G는 여성을 능력 있고 강인한 생명체로 본다. 그리고 브랜드의 소비자들 역시 같은 눈으로 여성을 바라볼 것을 제안한다.

실제로 이 브랜드가 판매하는 것은 여성용 위생용품 등 평범한 상품들이지만, '여자답게'라는 캠페인을 통해 P&G가 판매한 것은 그보다 더 큰 가치였다.

P&G는 끊임없이 목표의 증거들을 보여주었다. 소녀와 여성들에 대한 신념을 명확히 밝혔고 수천 명, 아니 어쩌면 수백만 명에게 여성에 대한 브랜드의 관점을 곱씹어 볼 기회를 제공했다.

마찬가지로 유니레버는 위생 시설, 위생 수준, 영양 등 지속 가능성과 관련된 이슈 해결을 위해 스타트업 육성 프로그램인 '유니레버 파운드리Unilever Foundry'를 통해 자사의 목적을 온 세상에 알렸다. 스타트업 기업들과 혁신적인 사상가들을 영입해서 브랜드의 성장 과정을 함께했고 공동체의 발전에 대해 고민했던 것이다.

글로벌 회계법인 언스트앤영의 파트너이자 글로벌 브랜드 및 대외협력 팀장 존 루다이즈키John Rudaizky는 이렇게 말했다.

"목표는 말이 아니라 행동을 통해 증명할 수 있습니다. 우리는 브랜드의 목표를 마케팅 차원의 별 볼 일 없는 목표로 남기는 대신 비즈니스를 혁신하는 아이디어로 탈바꿈시켰습니다."

요구하는 것은 엄청 많고, 쉽게 믿어주지는 않는 소비자들의 시대에 대의를 품고 용기 있게 일어나는 브랜드들은 소비자들과 감정적인 유대를 형성하게 될 것이다.

이 책 전반에 걸쳐 계속 말해왔듯이 친밀한 교감은 Z세대를 고객으로 얻기 위한 핵심이자 신뢰를 얻기 위한 관문이라고 볼 수 있다. 〈카산드라Cassandra〉의 수석 편집국장 멜라니 슈레플러 Melanie Shreffler는 한 마케팅잡지와의 인터뷰에서 이렇게 말했다.

"오늘날 젊은 세대는 개별적인 관계 형성, 그리고 친밀한 소통을 중요하게 생각합니다. 쇼핑을 할 때도 그 마음은 변하지 않죠. 이들은 자신이 구매하고 지지하는 브랜드와 개인적으로 교감할 수 있기를 원합니다. 또한 브랜드가 자신을 단순히 소비자가 아니라 인간으로 대우함으로써 그동안 보낸 지지에 화답하길 바라죠."

Z세대의 마음을 사로잡고 싶다면 브랜드는 각각의 소비자를 독특한 개개인으로 인정하고, 그와 같은 시각에서 소통해야 한다. 소비자와 친밀한 관계를 형성하고 유지하며, 소비자가 경험하는 모든 단계에서 우수한 가치를 제공하는 것이 핵심이다.

하지만 브랜드의 노력이 여기서 그쳐서는 안 된다. 브랜드가 건너야 할 더 중요한 다리가 하나 남아있다. 바로 '브랜드 충성심'이라는 다리다.

브랜드 충성심이라는,
오래된 단어

"나는 브랜드 충성심이 사라졌다고는 생각하지 않습니다. 충성심을 얻으려는 브랜드의 노력이 사라졌을 뿐이죠."

– 코너 블래클리

X세대는 브랜드 충성심이라는 용어를 탄생시켰다. 경쟁력 있는 품질과 가격, 일관성을 제공하는 브랜드는 평생 충성을 보장받았다. 오늘날 Z세대는 목표의 증거가 입증될 때만 충성을 약속한다.

브랜드 충성도가 하락세에 접어든 것은 사실이지만, Z세대가 누구에게도 충성할 줄 모르는 세대이기 때문은 아니다. 대부분의 브랜드들이 충성심을 얻으려고 애를 써본 적이 없어서 그렇다.

마케터들은 아직 'Z세대 제대로 알기'라는 책의 겉표지조차 열어보지 않은 셈인데, 어떻게 이들의 브랜드 충성심을 단정지을 수 있겠는가? 게다가 이들은 젊다! Z세대의 브랜드 충성심은 시시각각 변화하며, 우리가 일을 제대로만 해낸다면 언제든 그들의 충성심을 얻을 수 있다.

하지만 데이터를 살펴보면 현재로서는 그리 낙관할 수 있는 상황은 아니다. 글로벌 컨설팅업체 액센츄어의 2017년 연구에 따르면 다음과 같다.

- Z세대의 16%가 의류/패션 잡화를 특정 매장에서만 구매한다(밀레니엄세대는 26%).
- 19%가 건강/미용 제품을 특정 매장에서만 구매한다(밀레니엄세대는 34%).
- 38% 미만의 Z세대가 식료품을 특정 매장에서만 구매한다(밀레니엄세대는 55%).

즐겨 찾는 브랜드에 대한 Z세대의 충성심을 연구한 리테일 퍼셉션즈는 다음과 같은 결과를 얻었다.

- Z세대의 81%가 더 높은 품질의 비슷한 제품이 나오면 즐겨 찾던 브랜드를 기꺼이 버리겠다고 답했다.
- 79%는 잘 알려진 브랜드 제품보다 품질이 좋은 제품을 선호한다고 밝혔다.
- 72%는 더 낮은 가격의 유사한 제품을 발견하면 저렴한 제품을 선택할 것이라고 답했다.

위의 수치들을 들여다보면 요지는 이렇다.

"Z세대는 최고의 가치를 얻을 수 있는 곳으로 움직이며 이들이 고려하는 요소들을 자세히 살펴보면 두 가지 주요 장애물을 넘어설 수 있다."

장애물(1) 가격 및 품질에 대한 기대 : 손익의 균형을 맞추는 것은 까다로운 일이지만 이론만은 단순하다. 가격에 품질이 반영되면 된다. 낮은 품질의 제품에 높은 가격을 부여하면 소비자의 분노와 비판을 사게 된다. 반대로 높은 품질의 제품에 낮은 가격을 부여하면 시장 내 동료 경쟁자들로부터 신용을 잃고 경고를 받게 된다.

장애물(2) 목표 달성 지원에 대한 기대 : 브랜드들은 Z세대가 높은 수준의 자아를 형성해가는 과정에 도움을 제공해야 하며, 이들이 제시하는 가치에 공감하는 메시지를 시의적절하게 제시해야 한다. 다시 말하자면, 트렌디하면서도 기업의 목소리를 반영한, 그리고 구매자의 삶을 더욱 편안하게 해주며, 혁신을 통해 세상을 더 나은 곳으로 만드는 데에 기여하는 제품을 만들어야 하는 것이다. 소비자들은, 기대를 충족한 브랜드에 대한 보상으로 브랜드 제품 추천에 나설 가능성이 높다.

장애물을 극복한다는 게 어려운 일이기는 하지만 고생 끝에 신뢰를 기반으로 한 상호 호혜적인 관계를 형성할 수 있다. 지금부터는 당당히 도전에 나선 결과 Z세대 소비자들을 포상으로 거머쥔 여러 브랜드의 이야기를 소개하려고 한다.

Z세대가 사랑하는
10가지 브랜드

한 연구를 통해 마케터들은 Z세대가 나이키, 애플, 넷플릭스 등을 가장 좋아하는 브랜드로 꼽는다는 사실을 알게 되었다. 이 브랜드들은 무엇을 잘하고 있는 걸까? 답은 꽤 간단하다.

그들은 소비자의 말에 귀를 기울이고, 진부한 마케팅 규칙을 깨고, 즉각적인 행동을 취한다. Z세대가 좋아하는 10가지 브랜드에 대한 짧은 소개를 통해 그들이 Z세대의 마음과 생각, 그리고 지갑까지 열 수 있었던 이유를 들여다보자.

1. 나이키 Nike

나이키는 50년이 넘는 역사를 자랑하는 한편으로 지속적인 혁신을 통해 젊은 감성을 유지한다. Z세대가 가장 중요하게 여기는 3가지인 다양성, 포용력, 맞춤형 제품의 정수를 보여준다.

목표의 증거

나이키는 여성 무슬림 선수들을 위해 2017년 '나이키 프로 히잡'이라는 제품을 출시했다. 해당 제품이 한동안 논란의 중심에서긴 했지만, Z세대는 프로 히잡의 출시를 평등을 위해 싸우는 자신들에 대한 지지의 뜻으로 받아들였다. 나이키는 신념을 내세운 전형적인 브랜드다.

최근 진행된 나이키의 '평등' 캠페인은 스포츠 정신에 담긴 평등 의식과 상대에 대한 존중을 우리 사회에도 적용해야 한다고 설득하는 내용이었다.

캠페인은 각 지역사회의 시민들을 격려하면서 각자의 공동체에서 행동을 취하도록 하는 데 목적을 두었다. 오랜 시간 대의를 위해 싸워온 나이키의 목소리는 그 덕분에 진정성이 가득 담겨서 소비자들에게 전달되었다(자료 7-1 참고).

캠페인에는 르브론 제임스, 세레나 윌리엄스, 가브리엘 더글라스 등 유명한 선수들이 등장하는 짧은 영상이 있었다. 선수들은 스포츠가 제공하는 긍정적 가치를 강조하기 위해 자신들의 목소리를 영상에 담았다. 광고 영상은 이런 메시지와 함께 끝난다.

"우리가 여기에서 평등할 수 있다면, 우리는 어느 곳에서나 평등할 수 있다."

브랜드 제품 특전

나이키의 맞춤형 스니커즈 제작 프로그램인 '나이키 아이디 Nike iD'는 소비자가 자신만의 독특한 취향을 반영해서 직접 신발을 디자인하고 주문할 수 있게 해주는 서비스다. 앞장에서 얻은

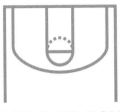

EQUALITY HAS NO BOUNDARIES.

자료 7–1 　나이키의 '평등에는 울타리가 없다' 캠페인

교훈들을 고려하면, 한 사람만을 위한 개별 제품 제작이라는 시각적 접근은 Z세대에게 히트를 칠 수밖에 없다.

Z세대들의 말에 따르면, 나이키의 제품은 스타일리시하면서 착용감도 좋다. 올해 14세인 그랜트는 말한다.

"얼마 전 나이키 웹사이트에서 나만의 신발을 디자인해서 주문했어요. 요즘 스니커즈 수집에 푹 빠져 있거든요."

소비자와의 소통

자신만의 목소리로 Z세대와 소통하는 브랜드 중에서도 나이키는 단연 소셜미디어 영역의 강자로 꼽힌다. 나이키의 전략은 세 가지 중요 포인트를 중심으로 이루어진다.

첫째, 나이키는 스포츠용품을 판매하는 데 만족하지 않는다. 이 브랜드의 전략은 라이프스타일과 더 나은 삶에 대한 비전을 강조하는 것이다. 거대한 파도를 타는 서퍼들이 등장하는 이미지는 제품이 아닌 선수에게 초점이 맞춰져 있다. 모든 이미지에 나이키 로고가 박혀 있긴 하지만, 실제로 광고의 중심은 선수들이다. 나이키는 영감을 주는 선수들의 이야기에 참여할 수 있게 된 것이 자랑스러울 뿐이다.

둘째, 나이키는 각각의 스포츠마다 그에 맞는 인물상을 부여한다. Z세대와 마찬가지로 나이키 역시 축구 선수의 스타일과 농구 선수의 스타일이 다르다는 걸 이해한다. 나이키 광고에 등장하는 이미지, 말투, 대열에는 각 운동선수들에 대한 브랜드의 수준 높은 이해가 고스란히 반영되어 있다. 완성도 있는 제품 홍보와 진정성 있는 콘텐츠 사이의 균형을 이루는 데 있어 나이키가 예술의 경지에 도달할 수 있었던 이유는 무엇일까?

세 번째 포인트인 브랜드 홍보대사의 적절한 활용이 그 답이다. 이미 스타 반열에 오른 운동선수와 신인 선수를 모두 활용함으로써 나이키는 소비자들에 좀 더 친근하고 자연스럽게 다가가는 방법을 알아간다. 나이키는 앞일을 다 안다는 듯 거만하게 굴지 않는다. 그저 입을 다물고 귀를 기울일 뿐.

2. 룰루레몬Lululemon

애슬레져athleisure라는 말은 운동athletic과 레저leisure의 합성어로, 운동복이나 스포츠 잡화를 일상적인 패션 아이템으로 활용하는 것을 뜻하는 신조어다. 이런 추세를 반영한 제품들의 인기가 정점을 찍었을 때, 나이키 외에도 Z세대를 공략해서 살아남은 브랜드가 있었다. 바로 땀과 스타일 사이의 균형을 마스터한 고급 여성 운동복 판매업체 룰루레몬이 그 주인공이다.

목표의 증거

룰루레몬은 스타일리시한 고급 의류를 제작하는 한편, 국내외적으로 사회적인 영향력을 가진 브랜드가 되는 것을 목표로 하고 있다. 운동선수, 트레이너, 요가강사, 그밖에 영향력 있는 1,600명 이상의 인플루언서를 홍보대사로 고용해서 자사의 자선사업 방식을 홍보하고 브랜드 이미지를 대표하게 했다.

유명 운동선수가 등장하는 전형적이고 값비싼 광고를 제작하는 대신에 공동체를 형성하고 사회적으로 영향력 있는 프로그램을 만드는 브랜드 홍보대사들의 자선 활동을 지원한다. 룰루레몬의 브랜드 홍보대사 타이론 비벌리Tyrone Beverly는 이렇게 말한다.

"룰루레몬의 목표는 풀뿌리식 접근법을 통해 소비자들과 진정성 있는 관계를 형성하고, 동시에 사회적 영향력을 갖는 프로그램들을 운영하는 공동체를 만드는 것입니다."

브랜드 제품 특전

올해 17세인 매디는 룰루레몬에 진심으로 공감한다면서, 이렇게 말했다.

"저는 늘 여기저기를 돌아다니죠. 여러 학교 행사에도 참여하고요. 그래서 룰루레몬의 옷을 자주 입어요. 디자인이 귀엽고, 품질도 정말 좋거든요. 얼마 전에 밤이 되면 빛을 발하는 운동복 라인이 출시되었는데, 그걸 입으면 밤에도 조깅을 할 수 있어요. 룰루레몬의 브랜드 메시지인 '우리 옷을 입으면 언제든 운동을 할 수 있다' 덕분에 동기부여도 돼요."

10대들은 룰루레몬 사랑을 통해, 특정 브랜드를 입는다는 것이 상징적인 행동이 되고, 품질도 좋다면 비싼 옷도 잘 팔릴 수 있다는 사실을 입증해주었다. 룰루레몬의 자매 브랜드인 이비바 Ivivva 역시 10대 소비자들을 타깃으로 삼고, 룰루레몬에 비해 조금 저렴한 제품 라인들을 선보였지만 Z세대는 여전히 룰루레몬을 가장 좋아하는 브랜드로 꼽는다.

소비자와의 소통

트렌디한 애슬레저 패션업계에 제품을 출시했다는 것은 브랜드의 시작이 순조롭다는 걸 의미한다. 그러나 룰루레몬의 도전은 여기서 멈추지 않는다.

예를 들어 일부 룰루레몬 매장은 주말에 무료 스포츠강좌나 지역 공원에서의 해질녘 요가 클래스 등의 행사를 통해 더 건강한 라이프 스타일, 보다 포용력 있는 공동체를 판매한다. 룰루레몬이 판매하는 것은 요가복만이 아니다.

3. 타깃Target

60년대 사람들은 최신식 타깃 매장의 부티크 같은 느낌을 살리려고 마치 프랑스어인 것처럼 장난삼아 뒷 음절에 강세를 담아 브랜드 이름을 부르곤 했다.

대형 할인마트의 원조 격인 타깃의 지속적인 성장에는 편리한 쇼핑 외에도 다양한 이유가 있다. 바로 브랜드의 공동체 참여와 저렴한 상품 가격 등을 통해 Z세대에게 크게 어필하고 있다는 점이다.

목표의 증거

타깃은 매장의 상징인 붉은색 문 밖에서 오랜 기간 사회 환원과 지역 공동체 지원 활동을 이어왔다. 2015년에는 미국을 비롯한 전 세계 교육에 10억 달러를 투자하겠다는 과거의 약속을 모두 이행했다고 발표했다.

'다양성과 포용력 추구'를 브랜드의 주요 신념으로 삼은 타깃은 다양한 배경을 가진 직원들을 고용하고, 소수 집단이 운영하는 공급업체와 협력관계를 맺어왔다. 그뿐만 아니라 '타깃의 팀'이 된 모든 직원들에게 리더십을 키울 수 있는 기회를 제공하고, 그들의 성장을 돕는다.

브랜드 제품 특전

Z세대의 눈에 타깃은 그저 제품 판매에만 열을 올리는 기업이 아니다. Z세대가 의류, 엔터테인먼트, 홈데코 등을 통해 자신들의 지향성을 찾을 수 있도록, 이들을 지속적으로 지원해온 기업이다.

친절한 직원들, 탁월한 모바일 앱, 1달러 미만의 상품 코너, 그리고 매장 입구에 위치한 스타벅스까지 타깃은 가치와 경험을 중시하는 세대에게 어필하기에 최적의 환경을 갖추고 있다. 올해 19세인 매기는 이렇게 말한다.

"타깃 매장에 와 있으면 마치 내 삶이 이곳에 펼쳐져 있는 느낌이 들어요. 정말 기분이 안 좋은 날에도 친구들과 함께 타깃에 가는 것만으로 기분이 풀리죠."

소비자와의 소통

'타깃 매장의 알렉스'라는 신드롬을 알고 있는가? 한 어린 여성 소비자가 젊고 잘생긴 타깃 직원의 사진을 몰래 찍어 트위터에 공유한 이후, 그 직원이 하룻밤 사이에 유명인이 된 사건이다. 그저 평범했던 10대 소년이 CNN의 뉴스거리가 되기까지 24시간도 채 걸리지 않았다. 이 사건 덕에 10대들은 타깃과 사랑에 빠지고 말았다.

이후에도 Z세대 소비자들을 고객으로 유지하려는 노력을 통해 타깃은 여전히 이들의 사랑을 받고 있다. 타깃이 운영하는 각 소셜미디어 채널은 문화적으로 공감할 수 있고 플랫폼에 적절한 콘텐츠로 가득하다.

예를 들어 인스타그램에서는 '라이프스타일 큐레이터'로서의 역할을 톡톡히 하며 스타일리시하고 영감을 주는 제품 사진들을 공유한다. 그런가 하면, 스냅챗에서는 각각의 지역 필터를 활용해서 각 지역 매장에서 열리는 기념일 행사들을 홍보함으로써 고객을 유치하고 판매를 늘리는 전략을 취한다.

또한 타깃은 최근 Z세대를 위해 디자인한 의류 컬렉션 '아트클래스Art Class'를 발표했는데, 홍보 과정에 10명의 재능 있고 젊은 인플루언서들이 도움을 주었다.

아트클래스라는 브랜드 개발을 위해 고민하던 타깃은 자신들의 홍보 대상인 Z세대와 이들 부모의 성향에 관심을 가졌다. 그 결과, 부모에게는 가격이, Z세대에게는 개성이 잘 드러나도록 옷을 믹스매치하는 것이 중요한 요소임을 파악했다. 그렇게 타깃은 부모와 자녀 모두를 만족시키는 전략을 세우는 데 성공했다.

4. 애플Apple

이 브랜드는 사실 소개가 필요 없을 정도로 널리 알려져 있다. 그러나 문명과 동떨어져 사는 사람들을 위해 소개하자면, 애플은 취향이 확실한 Z세대가 선택한 스마트폰, 컴퓨터, 뮤직 플레이어 브랜드다.

패키지 상품에서부터 광고에 이르기까지 애플은 모든 면에서 간결함을 추구하며 소비자가 직접 의미 있는 뭔가를 만들 수 있는 자유를 선사한다.

목표의 증거

자유에 관해서라면, 애플은 커밍아웃한 게이 남성을 CEO로 임명한 첫 번째 대기업이었다. 애플의 CEO 팀 쿡Tim Cook은 말하기를, 애플이 창의성과 혁신을 사랑하는 기업이라는 점을 높이 사며 다양성의 포용이 기업 성공의 필수 조건임을 아는 기업이라고 했다.

그러나 흥미롭게도, 애플을 좋아한다고 밝힌 10대 중 일부는 세계에서 가장 거대하고 수익성 좋은, 업계를 압도적으로 독점하는 이 기업을 지지하기가 망설여진다고 말한다. 또한 애초에 자신이 이 브랜드를 왜 좋아하게 되었는지 모르겠다고 답하기도 한다. 하지만 그 이유를 기억하는 사람들은 애플 제품의 간결성과 좋은 품질을 칭찬한다.

브랜드 제품 특전

우리의 설문조사에 참여한 Z세대는 이 브랜드의 팬이 된 이유로 신뢰할 수 있고, 사용이 편리한데다 스타일리시하고, 일상을 살아가는 데 필수 제품이 된 애플의 기기를 꼽았다. 심지어 이들은 애플의 제품을 생활의 중심에 두지 않고서 일이 진행되는 것은 상상조차 하지 못한다.

Z세대를 'i세대'라 부르는 이유도 바로 여기에 있다. 소문자 'i'는 애플이라는 브랜드에 대한 존경의 의미이자 사진 및 음악 공유, 친구들과의 소통, 실시간 뉴스 확인, 재미있는 동영상 감상이나 제작 등 애플의 제품을 이용해 손쉽게 할 수 있는 모든 활동을 상징한다.

애플은 맵시 있고 깔끔한 디자인과 서로 연동되어 매끄럽게 작동하는 제품 라인을 통해 Z세대에게 필요한 모든 것들을 이들의 손끝에 가져다주었다.

아이팟은 물론이고 그 이후 출시된 제품들의 잇따른 성공에는 좋은 품질뿐만 아니라 훌륭한 디자인도 한몫 했다. 훌륭한 디자인과 기능에 매달렸던 스티브 잡스는 창작 욕구를 자극하는 맵시 있고 정교한 기기의 선례를 남겼다. 애플의 기기는 사용자가 창의력을 펼칠 수 있는 완벽한 캔버스다.

소비자와의 소통

애플의 가장 흥미로운 점은, 가격 경쟁에 뛰어들거나 할인행사를 하는 법이 없다는 점이다. 기기의 모든 기능을 상세하게 설명하는 복잡한 광고를 만들지도 않는다.

대신 애플은 소비자들과 정서적으로 교감한다. TV, 인터넷 광고, 인쇄 광고, 제품 배치 등 현대적인 마케팅 전략을 활용하여 즐거움을 판매하는 것이다. 재미와 만족감에서 오는 즐거움 말이다.

기기의 기능을 나열하거나 배터리 수명에 대해 설명하는 애플 광고는 지금까지와 마찬가지로 앞으로도 보지 못할 것이다. 대신 이 브랜드는 신비감을 유지하며, 인생을 바꿔놓을 제품에 대해 암시하는 광고를 제작한다.

그리고 마침내 신제품을 발표하는 날이 오면 애플은 제품이 당신을 위해 무엇을 해줄 수 있는지가 아니라 당신이 제품을 통해 무엇을 해낼 수 있는지에 대해 이야기한다.

5. 넷플릭스Netflix

DVD 우편 임대 서비스로 시작했던 넷플릭스는 영상 콘텐츠를 자체 제작하고, 스트리밍 서비스를 제공하는 거대 기업으로 성장했다. 넷플릭스는 자체 제작 콘텐츠를 통해 영상 플랫폼에 대한

10대들의 인식을 바꿔놓았는데, 이는 가치 있는 콘텐츠 제작과 공급에 대한 끈질긴 노력 덕분에 가능한 일이었다.

목표의 증거

대부분의 기업들은 자선사업, 재단 설립, 기금 모금 등 회사 건물을 벗어나 자선 활동을 펼친다. 그러나 넷플릭스는 새로운 접근 방식을 택했다. 내부로 눈을 돌려 자사의 가장 훌륭한 투자처인 직원들에게 집중하기로 한 것이다.

이제 많은 기업들이 따라하고 있지만, 넷플릭스는 유연 근무제와 무기한 휴가를 제공한 첫 번째 기업 중 하나였다. 2015년에 넷플릭스는 최대 1년의 유급 출산 휴가 및 육아 휴직을 제공하기로 결정함으로써 부모가 소득 걱정 없이 자녀와 유대 관계를 형성할 수 있도록 했다.

넷플릭스는 세상을 더 나은 곳으로 만들려는 노력은 내부에서부터 시작되어야 한다는 사실을 잘 알고 있다. 회사가 자신을 이해하고, 자신의 노동력에 감사하고 있다는 기분을 느끼게 하는 직원 복지는 오래 지속되는 기업들이 택하는 가장 훌륭한 전략이다.

브랜드 제품 특전

소셜미디어가 TV나 팝 문화에 관한 소비자들의 대화를 촉진

시켰다면, 넷플릭스는 수백만 명의 젊은 소비자들이 케이블을 버리고 자사를 포함하여 훌루, HBO GO와 같은 스트리밍 서비스를 제공하는 기업들을 선택하도록 만들었다.

밀레니엄세대가 거리를 두기 시작한 케이블 TV는 Z세대에 이르러 그 명맥이 끊겼다. Z세대들 사이에서 넷플릭스와 '시리즈 몰아보기'는 동의어가 되었으며, '검색하다'라는 뜻의 동사로 쓰이는 구글과 마찬가지로 넷플릭스라는 단어 역시 이제 '동사화' 되었다.

소비자와의 소통

넷플릭스는 시청자들이 선택하는 프로그램을 데이터화하여 사용자의 목소리를 듣는다. 즉, '넷플릭스 앱'을 사용할수록 시청자를 위한 영화와 드라마 추천은 더욱 정교해지는 것이다.

보너스로 하나 더 알려주자면, 넷플릭스는 잘 알려지지 않은 프로그램을 시청자들에게 추천해서 시청률을 높이는 전략으로 덜 유명하고 가격이 저렴한 TV 프로그램의 저작권을 구매할 수 있게 되었고, 이를 통해 스트리밍 가격 역시 저렴하게 유지할 수 있었다.

넷플릭스가 등장하기 전까지 소비자들은 거대 방송사가 제공하는 프로그램을 실시간으로 챙겨 보기 위해 때맞춰 TV 앞에 앉아야 했다. 그러나 넷플릭스는 모든 프로그램의 모든 에피소드를 원할 때면 언제든 시청할 수 있게 만듦으로써 이전의 TV 문화를 대체했다. 이제 대화의 양상은 '그 에피소드를 놓쳤어!'에서 '얼른 따라잡아야지!'로 바뀌었다.

6. 스타벅스 Starbucks

대체 스타벅스의 무엇이 10대들의 공감을 살까? 심지어 10대 대다수가 아직 커피를 마시지도 않는데 말이다. 답은 간단하다. 스타벅스는 모바일 기술을 도입해서 의미 있는 보상을 제공하고, 10대가 머물고 싶은 환경을 조성한다.

목표의 증거

이토록 높은 시장점유율을 차지하는 기업 대부분은 직원 개개인을 위한 투자 방식에 대해 고민이 많다. 하지만 스타벅스는 그 문제를 순조롭게 해결했다.

스타벅스는 애리조나 주립대학의 온라인 프로그램 수강료를 최대 4년 동안 제공함으로써 교육을 원하는 직원들을 지원한다. 또한 직원들에게 개인 의료보험도 제공한다.

직원 복지 외에도 Z세대가 특히 높이 사는 부분은 빈곤층을 지원하는 고용 정책을 펼친다는 점이다. 스타벅스는 최근 실시한 캠페인을 통해 2022년까지 난민 10,000명, 2025년까지 퇴역 군인 및 그들의 배우자 25,000명을 고용하겠다고 약속했다.

브랜드 제품 특전

스타벅스는 궁극의 고객 맞춤형 브랜드다. 수천 가지 방식으로 음료를 제조할 수 있기 때문에 스타벅스 메뉴에 질린다는 건 거의 있을 수 없는 일이다. 스탠더드 커피, 다양한 맛의 라테, 차를 기반으로 한 음료, 프라푸치노 사이에 모두를 위한 음료가 존재한다.

스타벅스는 정기적으로 새로운 커피 음료와 계절, 맛, 심지어 색깔을 기준으로 제조한 참신한 레시피의 음료를 각각 출시한다. 맞춤형 음료에 대해서는 회의적인 시각보다는 기대가 더 많은데, 앞으로 모든 커피 전문점의 새로운 기준으로 자리 잡게 될 것이기 때문이다.

당신이 어디에 살든 스타벅스 매장은 언제나 가까이에 있다. 게다가 여러 명의 바리스타, 모바일 주문, 드라이브 스루drive through, 주차하지 않고도 손님이 상품을 살 수 있게 하는 서비스-역자 주 등의 서비스를 통해 완벽에 가까울 정도로 빠른 서비스를 제공한다.

그러나 커피를 가지고 당장 자리를 떠야 하는 상황이 아니라면 매장에서 제공하는 편안한 의자와 무료 Wi-Fi를 즐겨보는 건 어떨까? 모임이나 회의 장소로도 완벽하다. 더불어 스타벅스 매장은 편안한 분위기와 편리함, 훌륭한 접근성 덕분에 젊은이들의 놀이터로 진화했다. 스타벅스라는 브랜드 이름과 로고는 그 자체로 가치를 지니고 있다.

소비자와의 소통

스타벅스는 소셜미디어를 활용하는 Z세대의 스타일에 완전히 적응했으며, 이들의 언어를 통해 소통한다. 이제 스타벅스의 인스타그램 계정은 1,400만 명 이상의 팔로워를 거느리게 되었고, 10대들은 자신의 게시물에 이 커피 브랜드의 이름을 정기적으로 태그한다.

그리고 '커피를 트윗하라Tweet-a-Coffee' 같은 캠페인과 스타벅스 앱은 소비자가 소셜미디어를 통해 자신이 어떤 커피를 마시는지 공유하고 서로 소통할 수 있게 해주었다.

스타벅스가 직원들에게 고객의 이름을 고의로 잘못 발음하게 함으로써 브랜드 인지도를 높이는 식의 소극적인 광고 캠페인을 펼쳤다는 소문도 있다. 실제로도 이와 관련해 스타벅스 브랜드 이미지와 이 브랜드에 대한 직접적인 언급이 담긴 트윗과 인스타그램 사진 수천 개가 게시되었다. 이들의 의도된 실수는 고객의 마음을 얻는 데에 효과를 발휘한 영리하고, 재미있고, 재치 있는 전략이었다.

보다 전통적인 접근 방식으로는 스타벅스가 진행하는 각종 프로그램에 참여하는 고객에게 혜택을 제공하는 전략이 있다. 그중 '마이 스타벅스 리워드' 프로그램은 주문할 때마다 별을 적립할 수 있도록 하여, 레벨에 따라 다양한 혜택과 서비스를 제공해 큰 인기를 끌었다.

또한 스타벅스 계산대의 스캐너로 휴대폰 화면의 바코드를 읽을 수 있어서 소비자들이 톨사이즈의 바닐라 라테를 살 때 지갑 대신 휴대폰을 내미는 일도 흔해졌다.

7. 치폴레Chipotle

치폴레 매장에 문 앞까지 길게 늘어선 줄이 없다면 그날은 행운의 날이다. 언제나 붐비는 매장에서 구입하는 입맛에 맞는 음식, 효율적인 서비스, 여기에 저렴하기까지 한 완전식품은 Z세대가 이 텍사스-멕시칸 스타일의 프랜차이즈를 사랑하게 된 이유다.

목표의 증거

'완전식품'은 이 브랜드를 칭찬하려는 입에 발린 소리도 아니고, 치폴레의 단기 계획 상품도 아니다. 치폴레의 철학은 언제나 더 나은 식재료를 선택하는 것, 즉 '훌륭한 식재료를 통해 더 나은 맛을 내는 것, 환경에 더 나은 방식, 동물에 더 좋은 방식, 농민들에게 더 좋은 방식을 취하는 것'이다.

2017년 봄 치폴레는 건강한 식사에 대해 아이들을 계몽하려는 목적으로, 브랜드 명을 공개하지 않은 채 'RAD Lands'라는 제목의 동영상 시리즈를 배포했다.

이 동영상에서는 유명 요리사들과 아이들이 요리 수업에 참여해서 '농장에서의 하루'와 같은 주제에 대해 대화를 나눈다. 이 영상에는 효과적인 연출을 위한 애니메이션도 추가되었다.

2017년 3월 〈포춘〉에 실린 기사에서 치폴레의 개발 담당자인 마크 크럼패커Mark Crumpacker는 이렇게 말했다.

"이 콘텐츠는 브랜드 이미지를 강화하고, 기존 고객들의 충성도를 강화시켰습니다. 물론 기존 고객이 아닌 사람들이 이 영상을 보지 않았다는 것은 아닙니다. 하지만 이 영상들이 치폴레의 기존 고객들을 위해 제작된 것은 맞습니다."

브랜드 제품 특전

2016년을 떠들썩하게 달군 대장균 검출 사태도 10대들의 치폴레 사랑을 식히지는 못했다. 치폴레는 Z세대가 두 번째로 사랑하는 음식점이다(첫째는 스타벅스다). 설문조사의 한 응답자는 이렇게 말했다.

"일주일 식사 중 치폴레가 25%는 차지할 겁니다."

또 다른 10대는 이렇게 말했다.

"나는 돈을 아끼는 편이에요. 치폴레에서 식사하면 적어도 5시간 동안은 배가 안 꺼지죠. 그런 점이 정말 좋아요!"

오늘날의 10대들은 전통적인 패스트푸드 대신 건강하고 영양가 있는 음식을 택한다. 실제로 10대들 사이에서 식품에 대해 높은 의식을 갖추는 게 새로운 트렌드로 자리 잡고 있다.

일부는 이 같은 현상을 '미식가의 물결'이라고 부르기도 한다. 이들은 자신이 먹는 음식이 어디에서 왔는지 알고 싶어 하며, 완전식품에 대한 수요 증가에 큰 영향을 끼치고 있다. 그리고 우연치 않게도 치폴레의 철학은 이와 같은 트렌드와 일치한다.

소비자와의 소통

치폴레는 재미있으면서도 영향력 있는, 비전통적인 마케팅 콘텐츠를 제작하는 것으로 잘 알려져 있다. 2013년 짧은 애니메이션 '허수아비The Scarecrow'는 다른 거대 레스토랑 체인들의 형편없는 식품 처리 방식을 고발했고, 2011년에는 '다시 출발선으로Back to the start'라는 작품을 제작해서 대단히 산업화된 식품 제조 과정을 꼬집었다.

치폴레는 또한 소셜미디어 상에서 Z세대의 규칙을 준수하여 각 채널에 어울리는, 교훈을 주면서 재미있기까지 한 콘텐츠를 게시한다. 마크 크럼패커는 이렇게 말한다.

"광고는 거부감을 줄 수 있습니다. 하지만 이 콘텐츠는 소비자들과 소통할 수 있는 새로운 방법을 제공하죠."

이토록 정직하고 진정성 있는 치폴레를 젊은 소비자가 좋아하지 않는다면 그게 오히려 이상한 일 아닐까?

8. 페네라Panera

페네라와 치폴레 사이에는 공통점이 많다. 이 브랜드들은 Z세대가 좋아하는 레스토랑을 주제로 한 대화에서 늘 한 문장 안에 나란히 언급되곤 한다.

두 브랜드 모두 캐주얼한 패스트푸드 체인으로, 신선한 재료와 맞춤형 옵션을 제공한다. 또한 식재료의 원산지와 식품의 제조 과정을 투명하게 밝힌다는 점도 닮았다. 무엇보다 가장 큰 공통점은 두 브랜드 모두 소비자의 신뢰를 최우선으로 둔다는 점이다.

목표의 증거

페네라의 약속은 '음식다운 음식'을 만드는 것이다. 2015년에 페네라는 80개 이상의 식재료가 나열된 '절대 금지 목록'을 발표하며, 2016년 말까지 자사에서 만드는 식품에서 해당 재료들을 모두 퇴출시키겠다고 약속했다. 이후 페네라의 CEO는 〈뉴욕타임스)에 자사의 건강한 식재료에 대한 약속이 담긴 편지를 게재했다.

이 브랜드는 2017년 마케팅 캠페인을 통해 '100% 청정 재료'를 강조했다. TV 광고와 빌보드를 통해 광고를 내보냈고, 동시에 무료 샘플을 제공하며 소비자에게 직접 다가가기도 했다. 또한 소비자가 자신들의 경험과 의견을 소셜미디어에 공유하도록 격려했다.

브랜드 제품 특전

페네라가 Z세대의 신뢰와 사랑을 얻게 된 데는 투명성 이외에도 다양한 전략이 있었다.

- 페네라는 한때 미국 내에서 Wi-Fi를 제공하는 매장 수가 가장 많은 기업이었고, 모든 매장에서 처음으로 무료 Wi-Fi를 제공하기 시작한 발 빠른 기업들 중 하나였다.
- 페네라는 미국에서 가장 먼저 자발적으로 메뉴별 칼로리를 제공한 기업이었다.
- 페네라는 '숨은 메뉴'를 제공한다(스테이크 상추 랩도 그중 하나다).
- 페네라는 당일 쓰고 남은 식재료를 지역의 기아 구호 단체에 기부한다.

엥겔지수가 높은 10대들을 상대로 다양한 선택지와 편리함, 깨끗한 식품을 강조하는 전략은 성공을 위한 가장 정확한 공식이다.

소비자와의 소통

페네라는 수년간 가장 효율적이고 빠른 서비스 경험을 제공하는 데 필요한 기술에 막대한 돈을 투자해왔다. 페네라의 모바일 앱이나 웹사이트에서 몇 시간, 심지어 며칠 전에 음식을 주문하면 당일에 대기시간 없이 음식을 받아갈 수 있다.

또한 페네라의 디지털 주문 시스템은 사용자가 메뉴를 입맛에 맞게 맞춤 제작하고, 제작한 메뉴를 저장해 두었다가 다음 주문에 그대로 사용할 수 있게 해주었다.

매장 내에서 식사하는 고객들 역시 앱에서 주문한 음식을 테이블에서 정확하게 받아볼 수 있으며, 특정 장소로 배달을 받을 수도 있다.

최근 몇 년 동안 페네라는 주문 담당 직원 대신 '주문 키오스크kiosk, 공공장소에 주로 설치된 터치스크린 정보전달 시스템-역자 주'를 도입해 대기 선을 줄이고 주문 과정을 단순화했다. Z세대에 대해 알아야 할 중요한 교훈을 다시 한번 강조하자면, 그들은 기다리는 걸 싫어한다는 것이다.

9. 세포라Sephora

화장품업계의 수익은 2016년 정점을 찍었다. 미셸 판Michelle phan, 조엘라Zoella와 같은 소셜미디어 인플루언서들이 제작한 '예뻐지는 법' 및 '화장법' 등에 관한 동영상의 인기도 이 같은 성공에 크게 한 몫 했다. 하지만 거의 모든 식료품점과 드러그 스토어에서 화장품을 판매하는데 어째서 Z세대는 굳이 세포라를 찾는 것일까?

목표의 증거

이 브랜드의 소셜미디어 광고 전략은 다음의 세 가지 주요 캠페인으로 구성된다. '성장하는 세포라Sephora Accelerate, 자신감을 위한 클래스Class for Confidence, 세포라는 당신 곁에Sephora Stands Together'가 그것이다.

매년 '성장하는 세포라' 행사에 참석하는 뷰티업계 리더들은 10명의 여성을 선정해서 성공하는 뷰티사업가가 되는 법에 대한 멘토링, 완벽한 비즈니스 계획, 지원금을 제공하고 미래 파트너들과 만남의 기회를 선사한다. 이는 업계의 여성 리더십을 육성하는 데 중점을 두었다는 측면에서 소비자 대다수가 여성인 뷰티업계에서 대단히 의미 있는 프로그램이라고 할 수 있다.

뿐만 아니라 비영리 기관과 파트너십을 맺고 진행하는 '자신감을 위한 클래스' 캠페인에서는 출근용 화장법, 자신감 장착법 등에 대한 무료 강좌가 제공된다. 해당 강좌에서는 재취업을 앞둔 경력 단절 여성들에게 전문가다운 외모를 연출하는 방법 등을 강의한다.

예상치 못한 어려움을 겪는 직원들을 위해 단기 금융 지원을 제공하는 '세포라는 당신 곁에' 캠페인도 마련되었다. 또한 세포라는 주요 캠페인으로 대표되는 공동체의 대의를 홍보하고 본사, 유통 센터 및 각 지점 매장에서 연례 봉사 활동의 날을 운영한다.

브랜드 제품 특전

당연한 얘기지만, 세포라는 훌륭한 제품을 공급한다. 그러나 거기서 멈추지 않는다.

세포라 매장에서는 맞춤형 메이크오버, 10대들을 위한 메이크업 클래스, 회원들을 위한 무료 보상 프로그램 '뷰티 인사이더 Beauty Insiders' 서비스 등 다양한 활동들이 제공된다. Z세대는 거의 모든 메이크업 제품을 구할 수 있는데다가 재밌고 친근하기까지한 세포라 매장을 즐겨 찾는다.

세포라는 뷰티업계의 혁신가이기도 하다. 증강현실에 대한 Z세대의 관심을 제대로 포착해 업계 최초로 3D 증강현실 거울을 출시했다.

이 거울에 장착된 카메라는 사용자의 얼굴형을 파악하여 촬영된 영상 속 얼굴에 아이셰도우를 입힌다. 쇼핑객들은 셰도우를 바꿔가며 다양한 방식으로 눈가에 음영과 색깔을 넣어볼 수 있고, 얼굴 각도를 다양하게 비춰 자신에게 가장 잘 어울리는 제품을 찾을 수도 있다.

소비자와의 소통

Z세대에게 어필하려는 대부분의 브랜드와 마찬가지로, 세포라 역시 젊은 세대의 관심을 끄는 데 소셜미디어 앱의 활용이 중요하다는 사실을 잘 알고 있다.

세포라는 최근 채팅 로봇 프로그램 '챗봇Chatbot'을 활용해 소비자들에게 맞춤형 팁을 제공하거나 제품을 추천하는 등 보다 친근한 접근을 시도하고 있다. 게다가 이제 세포라의 고객들은 메신저 앱인 킥Kik 앱을 나가지 않고도 클릭 한 번으로 제품을 구매할 수 있게 되었다.

10. 칙필라Chick-fil-A

칙필라는 미국에서 가장 성공한 패스트푸드 체인 중 하나로, 가맹점 오픈 비용이 매우 저렴한 것이 특징이다. 2016년에 칙필라는 18%의 영업이익률 상승을 기록하며 가장 빠르게 성장하는 5대 체인 브랜드로 이름을 알렸다.

맛있는 치킨 샌드위치, 와플 프라이, 친절한 서비스……. 이토록 가족 같은 분위기의 패스트푸드 레스토랑에 뭘 더 바랄 수 있겠는가?

목표의 증거

2012년에는 칙필라의 명성에 흠이 가는 일이 발생했다. 당시 회장이었던 댄 캐시Dan Cathy가 칙필라는 '성경에서 명시한 결혼의 정의'를 지지한다면서 동성 간 결혼에는 반대하는 입장을 밝혔기 때문이다.

진보의 편으로 치우친, 평등을 중요시하는 Z세대는 즉각 칙필라 불매운동에 돌입했다. 그 후 몇 년 동안 칙필라는 종교와 정치에 관련한 주장을 줄이고 기업 문화를 개선하는 등 대대적인 변화를 꾀했다.

칙필라의 메뉴 전략 및 개발부 부사장 데이비드 파머David Farmer는 이렇게 말했다.

"우리는 칙필라가 모두를 위한 기업이길 바랍니다. 이거야말로 어떤 활동에 참여할지 결정할 때 적용해야 할 필터에요." 칙필라는 이제 포용의 메시지를 받아들이고 있다.

브랜드 제품 특전

칙필라는 메뉴에서도 혁신을 꾀했다. 치폴레 같은 패스트푸드 업계 인기 매장과 동등하게 경쟁하면서도, 맥도날드와 같은 패스트푸드 버거 체인과 거리를 두기 위해, 칙필라는 메뉴에 건강을 고려한 옵션들을 포함시켰다. 구운 치킨 너겟과 케일이 들어간 사이드 메뉴가 좋은 예다.

이 브랜드는 언제나 소비자의 기대를 초과 충족시키는 것으로 유명하다. 싱싱한 꽃이 배치된 테이블, 친절한 직원들 같은 작은 디테일에서부터 주문번호 대신 고객의 이름을 불러주는 서비스까지 두루 제공하고 있다. 이 같은 노력은 Z세대에게 큰 효과를 거둘 것으로 보인다.

소비자와의 소통

칙필라의 첫 개점 행사에 대한 이야기를 빼놓고는 이 브랜드에 대해 말했다고 볼 수 없다. 새 매장 개점 시기가 오면 칙필라는 가장 충성도 높은 소비자들에게 연락을 취해 무료 식사를 제공하는 사전 행사에 초대한다.

참석자들에게는 무료 샌드위치 쿠폰 10개가 주어지며, 순서대로 입장한 100명의 고객 중 추첨을 통해 당첨된 한 사람에게는 칙필라 1년 무료 식사권이 제공된다.

이 행사는 모든 연령대의 고객과 팬들이 먼 거리를 달려오게 만들 만큼 인기가 높다. 심지어 하루 전날 칙필라 매장 앞 주차장에 자리 잡은 텐트 군단이 이 행사의 재미 요소가 되었을 정도다.

쓰디쓴 실패를 맛본
유명 브랜드

Z세대는 이상주의자들이다. 그들은 자기주장이 강하며, 대중의 이익을 먼저 생각하고, 무엇보다 열정적이다. 브랜드를 대표할 얼굴로 완벽한 조건 아닌가.

그러나 그들의 마음을 잡아끌기 위해 최선을 다했는데도 Z세대가 당신의 제품을 좋아하지 않는다면 하루하루가 고통스러울 것이다. 지금부터 소개하는 브랜드들은 홈런을 치기 위해 노력했지만, 결국 헛스윙으로 끝나는 경험을 했다.

이들은 Z세대의 언어로 대화하고자 했으나 결국 실패했고, 소셜미디어 덕분에 이 실패는 어마어마한 손실로 이어졌다. 조금 다행스러운 점이 있다면, 지금부터 소개할 실수들은 운이 나빠서 생긴 일이라기보다 잘못된 전략 때문에 발생한 일이라는 사실이다. 그러니 이들의 실수를 발판 삼아 홈런을 날려보자.

1. 펩시Pepsi

"Z세대를 가르치려고 하지 마세요. 그들은 누군가 자신을 가르치려고 하는
걸 대단히 싫어합니다. 펩시가 얻은 교훈을 통해 당신도 배우는 게 있기를!"

– 토마스 쿨로풀로스Tomas Koulopoulos, '모든 브랜드가 배워야 할 교훈–
펩시야, Z세대 광고를 제대로 하고 싶다면 하이네켄을 좀 보고 배워라
Watch Heineken school Pepsi on how to advertise to gen Z (It's a lesson for every brand)'에서

2017년 초, 펩시는 '지금 이순간Live for Now'이라는 캠페인을 펼쳤
는데, 그 일환으로 출시한 광고가 논란의 중심에 서고 말았다. 이
광고에는 가두시위를 하는 사람들을 배경으로 모델 켄달 제너가
사진 촬영을 하는 장면이 나온다.

그러다 어느 잘생긴 시위 참가자에게 반한 모델은 그를 관능
적인 눈빛으로 바라보다 금빛 가발을 벗어던지고는 촬영장을 뛰
쳐나와 군중 속으로 들어간다. 모델은 난데없이 펩시콜라를 하나
집어 들더니, 침울한 표정의 경찰관들에게 다가가 화해의 손을
내밀 듯 콜라를 건넨다.

경찰관은 고맙다는 듯이 웃으면서 펩시콜라를 받아 들고, 시위
대는 서로 하이파이브를 하고, 환호하고, 포옹을 나눈다. 그리고
시위대는 다시 온 세상과 손에 손을 잡고 하나가 된다.

무엇이 문제였을까? 불행하게도 이들이 타깃으로 삼은 소비자
인 Z세대는 이 광고에 동의하지 않았다. 광고에 대한 반응은 즉
각적으로 나타났다. '시류와 동떨어진다', '비현실적이다', '흑인

인권운동의 무게를 가볍게 여긴다', '사회정의를 수익사업에 이용한다' 등의 비난에 직면한 것이다.

또한 모델이 경찰관에게 다가서는 장면은 흑인 간호사 아이샤 에반스Ieshia Evans의 유명한 사진과 묘하게 닮아 있었다. 그녀는 몇 달 전, 루이지애나 주의 배턴루지에서 벌어졌던 시위에서 경찰의 폭력 진압에 반대하여 맨 앞에서 시위에 참여했던 시민이었다.

광고의 여파는 빠르고 요란하게 퍼져나갔다. 심지어 일부 소비자는 해당 광고를 제작한 제작팀 전체를 모조리 해고하라고 요구했다. 결국 펩시는 광고를 내리고 다음과 같은 대국민 사과문을 발표했다.

"펩시는 통합, 평화, 이해라는 메시지를 전 세계에 전달하고자 이 프로젝트를 시작했습니다. 하지만 우리의 표현 방식은 분명히 잘못되었고, 이에 대해 사과의 말씀을 드립니다. 심각한 문제를 가볍게 취급하려는 의도는 결코 없었다는 점을 밝힙니다. 해당 콘텐츠를 삭제했고, 후속 편 제작 역시 모두 중단했습니다. 또한 해당 광고에 등장해 곤혹을 겪은 켄달 제너 씨에게도 사과드립니다."

잘못된 점이 너무 많아서 광고의 어느 부분을 수정해야 할지 콕 짚어내기가 어려울 정도였지만, 그중에서도 몇 가지를 정리해 보았다.

첫째, 사회 불안과 정치 이슈에 한 번도 목소리를 내지 않았던 브랜드가 해당 주제를 광고에 활용하는 것은 현명하지 못한 전략이었다. 만약 펩시가 인종차별이라는 주제에 진정성 있는 입장을 취하려고 했다면, 켄달 제너 대신 널리 알려진 인권운동가를 캐스팅하는 편이 더 적절했을 것이다.

둘째, Z세대는 광고에 현실이 녹아들어 있기를 원한다. 시위 현장 한가운데에 서 있는 사람들이 펩시를 주고받으며 그 상황을 즐길 수 있을까? 경찰에 둘러싸인 시위대가 경쾌한 노래를 부르며 춤을 출까? 펩시가 Z세대 소비자 일부에게 먼저 이 광고를 공유했더라면, 해당 광고가 세상에 나오는 일은 절대 없었을 것이다.

그렇긴 하더라도, 펩시는 자신들이 실수를 저질렀다는 사실을 인정하고 사과문을 발표했을 뿐만 아니라 광고를 신속히 내림으로써 마땅히 해야 할 후속 조치를 취했다. 게다가 이번 광고가 야기한 문제 외에는 전반적으로 좋은 평판을 유지해왔기 때문에 단 한 번의 실수로 Z세대의 관심에서 영영 멀어지는 일은 없었다.

2. 아베크롬비&피치Abercrombie&Fitch

시류와 동떨어진 기업 이야기를 하나 더 들려주려고 한다. 의류 브랜드 아베크롬비&피치의 CEO 마이클 제프리스Michael Jeffries 는 특정 소비자들을 배척하는 회사 방침을 고수했다.

2006년 그는 한 매체와의 인터뷰에서 이렇게 말했었다.

"우리는 쿨하고 인기 많은 아이들을 주 타깃으로 삼아 마케팅을 하고 있습니다. 우리 옷을 입을 자격을 갖추지 못한 사람들이 너무나도 많습니다. 그들은 그럴 능력이 없죠. 우리가 배타적이라고요? 우린 완벽하다고 생각해요."

XL 사이즈 이상의 여성 옷을 만들지 않는 이유에 대해 묻자 그는 이렇게 답했다.

"매력적인 사람은 매력적인 사람에게 끌리게 되어 있습니다. 우리가 마케팅 타깃으로 삼은 사람들은 쿨하고 멋진 사람들이죠. 그 외의 사람들은 고객으로 보지 않습니다."

이 홍보 실패 외에도 아베크롬비&피치가 면접에 두건을 두르고 왔다는 이유로 17세 무슬림 소녀의 고용을 거부해서 고소당한 일도 있었다. 이 회사는 그밖에도 이런저런 구설수가 끊이지 않았다.

아베크롬비&피치는 Z세대가 평등과 포용 정신을 중시하며 광고가 현실을 반영할 것을 기대한다는 사실을 놓친 게 분명하다. 덕분에 대중의 비난과 매출 감소를 감내해야 했다.

그나마 좋은 소식은, 이 브랜드가 아주 중요한 교훈을 얻은 뒤에 '오늘날 소비자들의 개성과 카리스마, 자신감을 광고에 반영하는 동시에 125년간 이어온 품질 좋고 편안하고 미국적인 브랜드로서의 유산을 기리는 쪽'으로 태도를 바꾸었다는 점이다.

그 후 몇 년 동안 아베크롬비&피치는 브랜드 이미지를 개선하고, 등을 돌린 소비자들의 마음을 다시 얻기 위해 엄청난 노력을 기울였다.

첫 번째 단계는 CEO를 해고하는 것이었다. 또한 옷을 거의 걸치지 않은 모델들을 내세우는 섹스어필을 중단하고, 모델들이 해당 브랜드의 옷을 제대로 착용하게 했다.

지금은 타깃 연령대를 조금 높여 18세에서 25세 인구 층을 마케팅 대상으로 삼고 광고에는 비현실적인 모델들 대신 세련되면서도 현실적인 모델들이 등장한다.

2017년 대대적인 매장 재오픈을 통해 아베크롬비&피치는 투명 유리로 된 개방형 매장 전면과, 안전한 피팅룸, 더 가벼운 향, 따뜻한 분위기를 연출하는 실내 장식을 선보였다. 소비자에게 친근하고 다가가기 쉬운 브랜드로 탈바꿈하기 위한 노력이 반영된 변신이었다. 다시 과거의 명성을 얻을 수 있을지는 시간이 지난 뒤에 알 수 있을 것이다.

잠재력을
갖춘 브랜드

지면상 겨우 10개의 브랜드 밖에 다루지 못했지만, 올바른 단계들을 거쳐 Z세대의 마음을 사로잡은 브랜드들은 아주 많다. 이번에 소개할 브랜드들은 리얼라이프 전략을 취해 디지털 세계에 중점을 둔 브랜드들과 스스로를 차별화하고, 어린 소비자들이 공감할 화두를 던짐으로써 Z세대 소비자들에게 계속해서 어필하고 있다. 삶의 구석구석에 스며든 디지털 요소에 너무나도 익숙한 Z세대에게, 물리적으로 이루어지는 소통은 오히려 새롭고 다정하게 느껴지는 것이다.

실험적 마케팅과 쇼케이스에서부터, 우편물 발송과 같은 오래된 전략의 부활에 이르기까지, Z세대의 마음을 얻고 싶은 브랜드들은 할 수 있는 모든 노력을 기울이고 있다.

사례 연구

누가　집카Zipcar

무엇을　자동차 공유 네트워크업계의 선두주자 집카는 Z세대를 공략하기 위해 이들의 실제 생활 환경인 대학 캠퍼스로 직접 침투했다.

어떻게　집카는 아무도 예상치 못한 혁신적인 전술을 Z세대가 밀집된 캠퍼스 곳곳에 심어놓았다. 학생들의 백팩에 광고판을 부착하는 기술을 이용한 광고 서비스, 노마드NOMAD를 통해 브랜드를 홍보했고, 이는 사람들 간의 소통을 북돋

우는 매개체가 되기도 했다.

또한 이모티콘을 실제 크기로 형상화한 자동차는 학생들이 더 창의적으로 여행지를 고를 수 있게 만드는 자극제가 되었다. 그뿐만 아니라 전미 대학경기협회 주최로 농구경기가 열리는 시기인 마치 매드니스March Madness 기간에, 집카는 자사의 주차공간을 미니어처 농구 코트로 변신시켜 이른바 집매드니스Zipmadness를 열었다.

효과　집카의 창의성은 Z세대에게 브랜드와 실제로 소통할 수 있는 실질적인 방법을 제시했다. 대학교 학생회 역시 이 기업의 서비스를 전혀 새로운 방식으로 도입했는데, 예를 들어 저녁 데이트용 차량에는 하트와 달 모양의 이모티콘을 붙이는 방식이었다. 그뿐만 아니라 집카는 Z세대가 각자 학교 및 공동체의 맥락에서 브랜드와 소통할 수 있는 방법들을 마련해주었다. 집매드니스는 캠퍼스에 브랜드와의 소통 기회를 제공했고 백팩을 통한 광고는 학생들의 학교 행사 참여도를 높여주었다. 집카의 통합 마케팅 국장 케이트 폽 스미스Kate Pope Smith가 말했다.

"Z세대의 반응에 정말 깜짝 놀랐습니다. 이들은 개개인에게 맞춤형 브랜드 경험을 제공하는 사람들과 소통하려는 경향이 매우 강한 것 같습니다."

리얼라이프 경험을 통한 소통

음악 페스티벌, 브랜드 활성화를 위한 행사 등은 Z세대에게 기억에 남을 만한 오락거리 뿐만 아니라 이들이 개인 브랜드를 홍보하는 데 활용할 만한 소셜미디어용 콘텐츠를 제공하기도 한다. 마케터들은 다음과 같은 이유로 브랜드 이미지가 투영된 경험 제공을 중요하게 생각한다.

디지털 광고는 제공하지 못할, 실감 나고 친밀한 방식으로 Z세대와 교감할 수 있다. Z세대는 상품의 판매 대상이 되기를 원치 않고, 소통을 원한다. 브랜드 행사에 참여하는 Z세대는 해당 브랜드와 더 깊은 교감을 나누고, 그 결과 해당 브랜드에 높은 충성심을 가지게 된다.

마케터들은 사진촬영, 독특한 체험 등의 기회를 제공하는 브랜드 행사를 통해 Z세대의 손에 도구를 쥐어주고, 이들에게 직접 체험의 권한을 준다. 브랜드가 라이브 이벤트를 통해 맛볼 수 있는 신선함과 인간미를 제공하는 동안, Z세대는 그 경험을 통해 많은 것을 얻고, 자신이 얻은 것들을 소셜미디어에 공유함으로써 브랜드에 '입소문' 홍보라는 보상을 제공한다.

누가   허쉬Hershey

무엇을 과거 바클리의 고객이었던 허쉬Hershey는 Z세대에게는 전통적인 광고 형식을 통해 새로운 캔디 제품인 테이크5를 소개하는 게 효과가 없을 거라는 사실을 잘 알고 있었다. 그래서 브랜드를 대표할 만한 독특하고 공유할 만한 샘플링 경험을 제공함으로써 입소문을 퍼뜨리는 방식을 택했고, 그 첫 번째 무대로 세계적인 음악 페스티벌 SXSW South by Southwest를 택했다.

어떻게 Z세대가 사랑하는 세 가지인 '상호교류, 영화, 음악 산업'이 어우러지는 SXSW는 새로운 것을 발견하고 싶은 사람이라면 반드시 찾아가야 하는 축제다. SXSW가 젊은 고객들의 관심을 끌기 위해 찾아온 여러 브랜드들로 발 디딜 틈 없이 붐비는 이유도 바로 여기에 있다. 테이크5는 그중에서도 남들보다 튀기 위해 SXSW와 관련 있는 체험 행사를 준비했다. 이름하여, '테이크5 물물교환' 행사였다.

이 행사는 대규모 축제에서 늘 발생하는 문제, 즉 '넘치는 쿠폰' 문제에 대한 창의적인 해결책을 제시했다. 물물교환 행사는 SXSW의 주 무대 중 한 곳에서 축제기간 내내 열렸고, 수요와 공급을 기반으로 한 맞춤형 알고리즘을 활용해 그날그날 각 쿠폰의 가치를 계산했다. 참가자들은 5일 내내 테이크5 물물교환 부스를 드나들며 원하지 않는 쿠폰을 가지고 싶은 쿠폰으로 바꿨다. 유명 레스토랑의 상품권과 축제 행사의 VIP 티켓 등이 교환되었다.

그리고 그 후에도 이들은 좋은 음악과 사진으로 남길 만한 수많은 행사들을 즐기며 테이크5 부스에 한동안 머물렀다. 이 축제가 끝난 뒤 테이크5는 사용하지 않은 쿠폰들을 지역 비영리단체인 오스틴Austin에 모두 기부했다.

브랜드 홍보대사들은 물물교환 부스 홍보 스티커가 붙은 15만 개의 테이크5 캔디를 무료로 나누어주며 축제 참가자들이 물물교환 부스를 방문하도록 유도했다. 또한 테이크5는 인스타그램, 트위터, 페이스북에도 지역 소비자들을 타깃으로 한 콘텐츠를 게시했고, 동시에 인스타그램 인플루언서들로 하여금 테이크5 소셜채널을 언급하게 함으로써 해당 행사를 전국의 소비자들에게 알렸다.

효과 2,700명이 넘는 축제 참가자가 물물교환 부스를 방문했고, 이는 당초 예상치의 2배 이상에 달하는 결과였다. 거의 6,000개에 달하는 쿠폰이 부스에 제출되었으며, 참가자들은 평균적으로 30분 정도 머무르다 부스를 떠났다. 소셜미디어에 공유된 테이크5 물물교환 관련 콘텐츠 참여율은 18%를 달성했고, 축제기간 동안 유료 마케팅 및 입소문 마케팅은 3,270만 건의 '공감'을 받았다.

인쇄 광고의 부활

유행은 돌고 돈다. 믿기지 않겠지만, 인쇄미디어와 우편을 통한 광고물이 Z세대 사이에서 다시 유행하고 있다. 2016년 영국 런던에 본사를 둔 글로벌 마케팅 리서치사인 민텔Mintel의 보고서 〈i세대 마케팅〉은 이렇게 적었다.

"느린 우편의 힘을 간과하는 브랜드는 기회를 놓치고 말 것이다. Z세대의 83%가 우편물을 받는 것을 좋아하기 때문이다. 광고 우편물은 이들 세대에 들어서 다시 신선함을 띠게 되었다. 따라서 이들에게 어필할 수 있는 잠재력을 가진 전략이기도 하다."

필 길리엄Phil Gilliam이 젊은 여성들을 대상으로 인쇄 광고를 시작하기로 결정하고 〈BYou〉라는 이름의 잡지를 창간했을 때, 동료들은 그를 보고 미쳤다고 말했다. 지금과 같은 디지털 시대에 대체 누가 인쇄 광고를 읽는다는 말인가?

잡지 구독에 실질적으로 돈을 지불할 어머니들을 대상으로 여러 차례 실시한 마케팅이 실패로 끝난 뒤, 길리엄은 타깃을 8세-16세의 소녀들로 바꿔 잡고, 기세 좋게 계획을 밀어붙였다.

그가 알 수 있었던 사실은, Z세대가 우편물을 좋아한다는 것이었다. 이들에게 우편은 신뢰할 수 있는, 개인적인 오락거리였던 것이다. 우편 광고가 새로운 전략은 아니지만, Z세대가 타깃인 시장에서는 거의 사용된 적이 없다는 점에서 그의 계획은 정확히 과녁을 뚫은 것이었다.

불특정다수를 위한 광고가 Z세대가 타깃인 우편 광고보다 성공하기는 어렵다. 그러니 Z세대가 좋아하는 잡지나 기타 다른 매체에 인쇄 광고물을 끼워 넣은 것이다. 우편 광고 전단이 디지털 광고의 현실 버전으로 활용된 셈이다.

인쇄미디어가 주는 촉감은 Z세대의 감각 및 체험 욕구를 충족시킨다. 디지털 미디어에 익숙한 Z세대는 인쇄 광고를 오히려 '비전통적 방식의 아주 신선한 마케팅'이라고 생각한다. 이 같은 현상을 상상이나 해봤는가!

독특한 경험, 무료 예고편, 무대 뒷이야기, 특별한 제안 등 다양한 광고물은 Z세대의 흥미를 자극한다. 또한 우편 광고는 디지털 광고보다 노출 시간이 더 길다. 누군가 그 우편물을 내다버릴 때까지 그 자리에 계속 남아 있기 때문이다. 인쇄 광고 전단을 받은 Z세대는 전단지를 버리는 대신 행동에 나선다.

행동하는
브랜드

Z세대는 날 때부터 '힘 있는 소비자 중심주의'에 대한 훈련을 받아왔다고 해도 과언이 아니다. 이들은 타인의 니즈, 그리고 자기

자신의 니즈에 따라 움직이는 역사상 가장 영향력 있는 소비자 집단으로 성장하고 있다. 힘 있는 소비자의 등장은 마케터들을 미지의 영역으로 몰아넣었고, 대다수의 마케터들은 당황한 속내를 감추지 못하고 있다.

하지만 그리 오래지 않은 과거에 우리는 밀레니엄세대의 등장으로 똑같은 혼란을 겪었다. 아직도 그들을 온전히 이해했다고 확신할 수는 없지만, 그들에게 적응할 수는 있었다. 우리는 참여 경제를 받아들이는 법, 소비자들과 소통하는 법, 브랜드 파트너를 만드는 법을 습득했다. 그때도 해냈으니, 이번에도 할 수 있다.

지금은 Z세대와 함께 또 한 번 큰 도약을 이룰 때다. 얼마 전에 면허를 딴 10대 자녀에게 떨리는 손으로 자동차 열쇠를 넘겨주는 부모의 심정처럼, 약간 불안한 건 당연한 일이다.

리스크는 어떻게 하느냐고? 그 역시 앞으로 나아가기 위해 반드시 거쳐야 할 단계다. Z세대의 '나'라는 브랜드를 돕는 것을 최우선 과제로 삼는 것이 그 시작이다. Z세대의 목소리에 귀 기울여 원하는 바를 파악하고, 이들이 세상과 소통할 수 있도록 도와야 한다.

▪ **Z세대는 브랜드의 목표만 보고 구매를 결정하지 않는다.** 그들은 목표의 증거가 되는 브랜드의 행동을 보고 지갑을 연다. 대의를 위해 앞장서는 용기 있는 브랜드는 Z세대와 정서적으로 교감하게 될 것이다.

▪ **브랜드 충성도가 하락세에 접어든 것은 사실이지만, 그 이유가 Z세대가 누구에게도 충성할 줄 모르는 세대여서는 아니다.** 대부분의 브랜드가 지금까지 충성심을 얻으려 애써본 적이 없어서 그렇다. Z세대는 최고의 가치를 제공하는 브랜드를 찾는다. 그러니 Z세대의 충성을 원하는 브랜드라면, 가격 및 품질 기대치를 충족시키는 건 물론이고 그들이 공감하는 대의를 이루기 위해 노력해야 한다.

▪ **리얼라이프 경험은 디지털 광고는 제공하지 못할, 못하는, 실감 나고 친밀한 방식으로 Z세대와의 교감을 가능하게 한다.** 브랜드가 라이브 이벤트를 통해 맛볼 수 있는 신선함과 인간미를 제공하는 동안, Z세대는 그 경험을 통해 많은 것을 얻고, 자신이 얻은 것들을 소셜미디어에 공유함으로써 브랜드에 '입소문' 홍보라는 보상을 제공한다.

▪ **광고 우편물은 Z세대에 들어 다시 신선함을 띠게 되었다.** 따라서 그들에게 어필할 수 있는 잠재력을 가진 전략이기도 하다. 인쇄 미디어가 주는 촉감은 Z세대의 감각 및 체험 욕구를 충족시킨다.

▪ **브랜드 이름이 특정한 행동을 의미하는 동사로 쓰이기 시작하면, 당신은 그 시장에서 승리한 것이다.**

8장

그 다음에 오는 것들

사람들이 우리를 가리켜 '퓨처캐스트'로 부르는 데는 다 이유가 있다. '미래 예측'이라는 의미의 이 말은 남보다 한 발 앞서 미래를 내다보는 것이 우리의 일이기 때문에 불리는 이름이다.

이 책 전반에 걸쳐 제공한 수도 없이 많은 1,2차 연구 결과와 데이터 분석 결과 등을 바탕으로 우리는 앞서간 브랜드들이 미래에 대비하기 위해 역사상 가장 영향력 있고 세련된 소비자 집단인 Z세대의 힘을 어떻게 활용하는지에 대한 관점을 제시했다. 진보에는 변화가 필요하고 변화에는 용기가 필요하다는 사실을 이해하는 리더들은 성공가도를 달리게 될 것이다.

책의 대부분의 지면을 Z세대를 이해하고, 그들을 상대로 마케팅을 펼치는 방법에 할애했다. 하지만 이 책의 마무리는 우리가 예측한 미래에 대해 의견을 나누는 것으로 하려고 한다.

청소년 문화는
모든 세대에 영향을 미친다

오늘날의 청소년 문화는 그 어느 때보다 주류 문화 속에 스며들어 있다. 소비자의 성향과 신념이 변화하면, 그에 따라 시장 트렌드와 소비자 구매 행동도 변화한다.

디지털, 소셜, 모바일계의 트렌드 세터인 젊은 소비자들은 브랜드 건전성의 기준을 형성하고, 매출의 승패를 결정짓는다. 이들의 욕구와 행동은 전 세계 기업들의 운영 방침을 변화시킬 정도로 큰 영향력을 가진다.

게다가 이들의 영향력은 세대를 거슬러 올라 모든 세대에 파급력을 가지므로 10대들의 사고방식과 행동 패턴을 이해하는 것은 필수다.

퓨처캐스트는 모회사인 바클리, 그리고 캠브리지그룹The Cambridge Group과 파트너십을 맺고 10년에 걸친 밀레니엄세대에 관한 연구를 통해 얻은 교훈을 반추해보았고, 그 교훈을 15세-65세 사이의 연령대 인구 전반에 확대 적용할 방법을 고민했다.

젊은 소비자들의 행동과 성향에 관한 연구를 통해 우리는 젊은 소비자들이 앞선 세대들의 소비 지출과 행동에 어떤 영향을 미치는지를 보여주는 6가지 통념을 발견했다. 그중에서도 가장 놀라운 발견은 보다 광범위한 소비자 문화 트렌드를 예측하는 데 있어 청소년 문화가 핵심적인 역할을 한다는 사실이다.

이어지는 섹션에서 '청년기의 통념youth mindset'으로 칭해지는 용어는 Z세대의 사고방식에만 국한되는 것이 아님을 밝힌다. 청년기의 통념이란 젊은 세대의 소비자가 가진 성향과 신념의 영향을 가장 많이 받는 소비자들의 사고방식을 이르는 말로, 최대 65세 소비자들도 이 소비자 군에 포함될 수 있다.

따라서 지금부터 소개하는 사례들이 전부 Z세대에 초점을 두고 있지는 않다는 점을 염두에 두기 바란다. 우리는 타깃 소비자와 상관없이 각각의 통념에 가장 잘 들어맞는 사례를 소개함으로써 청년기의 통념을 설명하고자 한다.

소셜서클 :
우리 브랜드의 이름이 문화 관련 대화에 언급되고 있는가?

브랜드 마케터들이 '소셜social'이라는 단어를 듣고 가장 많이 떠올리는 단어가 소셜미디어일 정도로, 소셜미디어는 대단히 강력한 도구다. 그러나 그런 소셜미디어도 현대 소비자들을 위한 자문단인 '소셜서클'의 일부일 뿐이다.

소셜서클은 청년기의 통념의 가장 영향력 있는 한 축이다. 그리고 이 자문단은 소셜네트워크를 통해 얻은 인맥에서부터 개인적 친분에 이르기까지 다양한 배경을 가진다.

강력한 소셜서클을 구축한 브랜드들은 그들의 마이크로 인플루언서(가장 널리 알려진 브랜드 자문단)를 활용하여 목소리 큰 팬 군단을 만들 수 있다. 소셜서클의 규모가 클수록 입소문의 효과도, 잠재적 수익도 더 커진다.

식료품점 체인 트레이더 조Trader Joe's는 소비자들의 소셜서클 활성화 측면에서 가장 성공한 브랜드 중 하나로 꼽힌다. 속삭이듯 가볍게 언급한 뉴스거리도 트레이더 조의 네트워크에서는 들불처럼 퍼져 나가 지역민들은 트레이더 조의 새 매장을 열기도 전에, 이곳이 지역의 상업과 문화 발전에 어떤 기여를 할지, 또한 어떻게 기여하게 만들지 열띤 토론을 펼친다.

자아 :
우리 브랜드는 소비자와 정서적 교감을 나누는가?

감정은 강력한 힘을 가진다. 실제로도 브랜드와 정서적 교감을 나누는 고객들은 높은 브랜드 충성도를 보인다. 정서적 교감을 형성하는 건 어려운 일이지만, 이것은 궁극적으로 브랜드의 성공에 핵심 요소로 작용한다.

브랜드가 자신을 이해하고 더 큰 자기 탐구 기회를 제공한다고 느낄 때, 소비자가 해당 브랜드에 충성심을 가지게 될 가능성이 높다. 때문에 소비자와 정서적 교감을 나누는 브랜드들은 유연한 가격 정책을 펼칠 수 있으며, 지속적인 수요를 보장받는다.

전 세계에서 가장 인기 있는 에너지 드링크로 자리 잡은 '레드불'의 사례가 여기에 딱 들어맞는다. 익스트림 스포츠의 열성팬과 선수들을 후원하는 일에서부터 독특한 스포츠를 만들고 행사를 개최하는 일, 전혀 새로운 방식으로 감정을 끌어내는 일에 이르기까지, 레드불은 정서적 교감을 이끌 경험을 만들어내는 일에 총력을 기울인다. 레드불은 모험, 흥분, 위험 감수 등의 아이디어를 기반으로 한 브랜드 아이덴티티를 수립했다. 다시 말해서, 레드불을 마신다는 건 한계를 모르는 대담함과 탁월함을 증명하는 일이 된 것이다.

혁신 :
우리 브랜드는 향상과 혁신을 거듭하는가?

기술은 개인과 기업의 혁신을 용이하게 한다. 한 산업이 앞서가면, 또 다른 산업에 대한 가능성과 기대 역시 변화하기 마련이다. 오늘날의 소비자들은 제품 혁신의 결과로 새로움, 효율, 효과를 얻게 되기를 기대한다.

더불어 브랜드가 자신의 삶을 더욱 쉽고, 빠르고, 더 나은 것으로 만들어주기를 기대한다. 새로운 제품, 베타 테스트, 기술적 도약은 모든 세대의 관심거리이며 소비자들은 이 새로운 기회에 기꺼이 참여한다.

구글은 세계적으로 가장 성공한 기업 중 하나로 알려져 있지만, 여전히 스타트업 정신을 고수하고 있다. 누구보다 기민하고 대응력이 탁월한 구글의 각 팀은 혁신과 새로운 아이디어가 중심이 되는 프로세스를 계속해서 유지해나가고 있다.

또한, 매주 회의를 열어 직위를 막론하고 모든 직원들이 서로 대화를 나누고 의견을 공유하도록 한다. 창업가들을 위해 구글이 만든 공간인 구글 캠퍼스도 이 같은 소통 정신과 기업가 정신 촉진을 위해 만들어졌다. 구글은 다양한 배경과 능력을 가진, 명석하고 뛰어난 직원들을 채용하고, 그들이 가장 잘 하는 것을 하게 한다.

구글에서 광고 분야를 총괄하고 있는 수잔 보이치키Susan Wojcicki가 말했듯이, 구글은 사업 초기에 전 세계에서 첫 번째로 꼽히는 검색엔진은 아니었다. 하지만 '기민한 업무 속도, 빠른 학습력, 데이터를 기반으로 한 프로세스'를 통해 구글은 최고의 자리에 오를 수 있었다. 구글은 여전히 같은 방식으로 일하며, 덕분에 꽤 오랜 시간이 지난 지금도 가장 성공적이고 중요한 기업의 자리를 유지하고 있다.

브랜드 선호도를 결정한다는 측면에서 혁신은 중요한 역할을 한다. 우리는 이와 같은 추세가 가속화될 것이라고 내다보고 있다. 소비자들은 자신의 니즈를 가장 먼저 알아보고 충족시키는 브랜드에 기꺼이 웃돈을 지불할 것이다.

신뢰 :
우리 브랜드는 신뢰를 얻는데 노력하고 있는가?

오늘날 소비자들은 어느 때보다 높은 브랜드 접근성을 누린다. 따라서 비밀을 만들거나 중요한 정보에 빨간 테이프를 붙여 숨기는 건 이제 브랜드의 선택지에 없다.

어느 관계에서든 신뢰를 형성하는 것이 첫 번째 단계다. 그리고 가장 신뢰 받는 브랜드는 투명하고, 진정성 있고, 이타적인 브랜드다.

배송업체 페덱스FedEx는 신속한 배송이라는 소비자와의 약속을 지킴으로써 신뢰를 얻어낸 브랜드의 가장 좋은 사례다. 소셜 분석 플랫폼 넷베이스Netbase에 따르면, '신뢰도'의 항목에서 페덱스는 단 한 번도 1위 자리를 놓친 적이 없다. 이 같은 성공은 페덱스가 배송 절차 중 스트레스를 가중시키는 과정들을 과감하게 제거함으로써 소비자들과의 약속을 지켰기 때문이다.

목표 :

우리 브랜드는 사회에 긍정적으로 기여하는가?

청년기의 통념을 가진 소비자들은 기업 활동에 인간미를 더한 브랜드를 찾는다. 오늘날 브랜드들은 회사와 관련하여 사람, 환경, 수익 이 세 가지 기본 요소를 늘 살펴야 한다. 수익 손실 장부에만 치중해서는 오늘날의 시장에서 살아남을 수 없다.

소비자들은 자신이 좋아하는 브랜드가 더 나은 공동체를 만들려는 자신들의 노력을 지원해주기를, 그리고 세상에 영향력을 발휘하는 데에 필요한 도구들을 제공해주기를 기대한다.

블레이크 마이코스키Blake Mycoskie는 '하나 사면, 하나 기부'하는 비즈니스 모델을 주류시장에 도입한 최초 인물로 언급되곤 한다. 탐스 슈즈Tom's Shoes를 설립했을 당시 그의 목표는 환경, 경제, 공동체에 거대한 영향력을 발휘하면서도 수익성 있는 비즈니스를 만드는 것이었다.

그는 현재 목표를 달성했을 뿐만 아니라, 전 세계의 비즈니스에 적용되는 새로운 기준을 마련하기까지 했다. 탐스 슈즈는 청년기의 통념에 관한 연구의 '목표'라는 섹션에 가장 적절한 사례로 선정되었다. 우리를 가장 놀라게 한 사실은 모든 세대에서 이 브랜드를 1위로 꼽았다는 점이다. 수익을 내는 일에만 급급하지 않고 이상을 좇는 브랜드들은 청년기의 통념을 가진 소비자들과 성공적으로 소통할 수 있다.

접근성 :
우리 브랜드는 대단히 유용하고 편리한가?

접근성은 무척이나 중요하다. 청년기의 통념을 가진 소비자들은 일상 속 불편과 답답함을 없애주고, 개개인의 일상에 잘 녹아들고, 다양한 욕구를 해결해줄 제품과 서비스를 찾는다.

접근성은 물리적 공간에만 제한된 개념은 아니다. 오늘날의 소비자들은 물리적 공간과 디지털 공간 모두에서의 브랜드 접근성은 물론 두 공간을 매끄럽게 넘나들 수 있는 유연함을 원한다. 이같은 소비자들의 욕구는 결국 한 가지 아이디어로 귀결된다. 지금은 유용성이 주목 받는 시대라는 것이다.

아마존은 접근성이 대단히 높은 브랜드다. 물리적 매장 없이 그 어떤 기업이 해낸 것보다 거대한 온라인 구매 연결망을 형성한 아마존 덕분에, 온라인 쇼핑은 이제 검색 창에서 정보를 검색하는 것만큼이나 쉬운 일이 되었다. 구매 버튼을 클릭하고 이틀만 기다리면 집 앞으로 택배가 도착하는 시대가 열린 것이다.

'아마존 효과'란 아마존이 제공하는 제품 또는 서비스에 대한 접근성이 증가함에 따라 소비자가 기대하는 기준도 그만큼 높아지는 효과를 말한다. 편리함과 신속성 면에서 아마존은 그 어느 때보다 높은 기준을 세웠다.

글로벌 브랜드가
유리하다

월드와이드웹world wide web의 등장으로 전 세계는 그야말로 '지구촌'이 되었고, 그 덕분에 Z세대는 글로벌한 세대로 성장했다. 지리적 한계의 제약이 사실상 사라진 지금, Z세대의 대다수는 세계 여러 나라의 또래들과 매일 자유롭게 소통한다.

이제 먼 나라도 그리 멀게 느껴지지 않는다. 이는 여러 가지 온라인 플랫폼이 미디어의 편향성이나 지리적 영향의 방해 없이 전 세계 이슈를 들여다보게 하는 창이 되어준 덕분이다.

미디어 빌리지Media Vilage에 따르면, 전 세계에 있는 또래 친구들과 사귀려는 욕망 때문에 Z세대 대학생의 50% 이상이 졸업반이 되기 전에 해외로 여행을 떠난다고 한다.

그 결과 나이 많은 세대가 가지고 있는 편견이 이들에게는 없다. 당연히 이 같은 성향은 전 세계 어디서나 이들에게 유리하게 작용한다. Z세대는 수용, 평등, 다양성, 그리고 전 세계 또래 친구와의 소통을 원한다. 또한 자신이 좋아하는 브랜드 역시 동일한 기준을 고수하길 기대한다. 때문에 Z세대에게는 브랜드의 국내

평판뿐만 아니라 세계적으로 어떤 평가를 받는지도 중요하다.

글로벌 브랜드는 미래의 승자가 될 것이다. 밀레니엄세대의 절반 가까이가(그리고 그보다 더 많은 Z세대가) 미래의 언젠가 해외에서 일하기를 꿈꾸기 때문이다.

중국에서 만든 휴대폰에서부터 에티오피아 식 레스토랑에 이르기까지, 먼 나라의 일들이 우리의 일상에 영향을 미친다. 실제로 빠른 기술 발전 덕분에 이 젊은 세대는 어느 때보다도 풍부한 정보 접근성을 가지며, 과거 어느 시대 청소년들보다 최신 동향에 정통하다. 그 결과 이들은 결코 무시할 수 없는 세계적 위상을 가지게 되었다.

의식 있는
자본주의

'의식 있는 자본주의 브랜드'란 기업이 거둔 성과와 전 세계 인류의 삶의 질 향상 사이에 직접적인 연관성이 있다고 믿는 브랜드로, 행동하는 Z세대에게 의식 있는 자본주의를 표방하는 브랜드는 매력적으로 다가온다.

하지만 의식 있는 자본주의와 기업의 사회적 책임을 혼동해서는 안 된다. 기업의 사회적 책임은 단지 의식 있는 자본주의의 하위 요소일 뿐이다.

기업의 사회적 책임은 구속력 없는 관행 또는 기업의 기여를 통해, 공동체의 안녕을 향상시키겠다는 약속을 중심으로, 상대적으로 가볍게 이루어진다. 반면, 의식 있는 자본주의는 여러 숭고한 가치들을 기업의 모든 활동의 중심에 두고 직원, 소비자, 투자자, 협력업체, 공동체, 그리고 지구를 포함해 그 과정에서 영향을 받는 모든 이들과 공유할 공동의 가치를 만드는 데 의의를 둔다.

다시 말하면 '선의 추구'와 '공동의 가치'를 만드는 일이 기업의 DNA에 새겨져 있어야 한다는 뜻이다. 의식 있는 자본주의 기업에게는 이와 같은 가치 추구가 한 번의 이벤트로 끝나는 일이 아니라 브랜드의 일상이다.

밴&제리Ben&Jerry는 재미있는 이름을 붙인 맛있는 아이스크림으로 인기가 높은 기업이다. 하지만 이 브랜드의 또 다른 주요 특징은 비즈니스의 모든 이해 당사자들과 공통의 이익을 공유하겠다고 약속한다는 점이다. 이 이해 당사자들에는 직원, 농민, 소비자, 이웃 모두가 해당된다. 밴&제리의 미션은 다음의 세 가지 핵심 요소에 중점을 둔다.

1. 제품 미션 : 엄청나게 맛있는 아이스크림을 만든다.
2. 경제적 미션 : 체계적인 관리를 통해 지속 가능한 재정적 성장을 이룬다.

3. 소셜 미션 : 이 세상을 더 나은 곳으로 만들기 위해 혁신적인 방식으로 기업을 활용한다.

밴&제리는 흑인인권운동을 공식적으로 지지함으로써 약속을 행동으로 옮기는 목표의 증거를 보여주었고, 동시에 새로운 맛의 아이스크림을 출시하면서 최고 매출을 달성했다.

과거처럼 기업의 대의를 아이스크림 이름에 반영하는 대신, 정제된 글을 통해 지지 입장을 웹사이트에 게재하는 방식을 취했다. 이들은 해당 이슈의 본질을 온전히 이해했다는 사실을 명확히 입증했을 뿐 아니라 효과적인 문화 자본을 성취하려는 기업의 목적도 달성했다.

우리의 첫 번째 책,《밀레니엄세대를 위한 마케팅》에 정리했듯이, 밀레니엄세대는 의식 있는 자본주의의 길을 닦은 세대다. 그리고 미래의 비즈니스 리더가 될 밀레니엄세대와 Z세대의 평등 및 사회 정의에 대한 입장은 전 세계 모든 기업들로 하여금 의식 있는 자본주의를 기본 덕목으로 채택하도록 할 것이다.

Z세대는 앞선 세대들에 비해 세상을 긍정적으로 바꾸려 노력하는 기업에서 일하려는 의지가 강하다. Z세대의 72%가 사회를 변화시키고 긍정적인 영향을 끼칠 기업에서 구직 활동을 하겠다고 답했다. 지속 가능한 변화를 만들어내겠다는 약속을 지키는 기업에 가장 유능한 인력의 이력서가 쏟아질 것이라는 얘기다. 여기 의식 있는 자본주의가 갖춰야 할 4가지 교리를 소개한다.

1. 숭고한 목표 : 수익 창출 너머의 숭고한 목표 추구

2. 이해관계자 중심 : 주주만이 아니라 모든 이해관계자들을 위한 가치 창출

3. 의식 있는 리더십 : 숭고한 목표와 이해 관계자의 안녕을 중시하는 리더

4. 의식 있는 문화 : 신뢰, 진정성, 투명성을 바탕으로 더욱 인간미 있는 환경 조성

미래의
파괴적 기술

머지않아 챗봇, AI, 사물 인터넷 같은 용어들도 신조어의 자리에서 내려오게 될 것이다. 우리는 지금 얼마 전까지만 해도 상상도 못했던 기술의 시대로 빠르게 들어서고 있다. 무인 자동차, 비행 자동차, 육체가 마비된 후 전신의 활동을 되살리는 뇌 이식, 안면 인식 지불시스템, 달 여행, 모바일 기기를 통한 외국어 번역 등의 기술을 통해 세상은 더 가까워지고, 장벽은 더 희미해지고 있다.

앞서 나가는 기술 덕분에 구직시장은 오늘날과는 전혀 다른 모습으로 바뀔 것이고, 그에 따라 Z세대는 점점 더 기민한 대응력을 갖추게 될 것이다. 이들은 이미 새로운 시대를 맞이할 준비

를 끝냈다.

하지만 우리는 어떤가? 바클리의 혁신 담당 부사장 마크 로건 Mark Logan은 이렇게 말한다.

"우리는 한 번도 본 적 없었던 경제 붕괴의 파도에 휩쓸리고 있습니다. 앞으로 20년 후면 오늘날의 직업 대부분이 인공지능과 로봇 공학 기술로 대체될 겁니다."

새로운 기술은 우리의 니즈를 예측하고, 개개인의 욕구와 개성에 따라 맞춤형 제품과 서비스를 제안함으로써 인간의 삶을 더욱 편리하게 만들어줄 것이다.

그때까지 우리는 가상현실과 같은 반짝반짝 빛나는 신기술의 등장으로 끊임없이 놀라게 될 것이다. 가상현실이 일상이 되고 기술 발전이 계속되면, 우리는 엄청나게 많은 가상현실 오락거리와 실제처럼 몰입도 높은 영화를 즐길 수 있게 될 것이다. 로건은 말한다.

"소셜미디어가 야기한 병폐가 오늘날 가장 큰 문제라고 생각하는 사람이 있다면, 몇 시간만 가상현실 세계를 경험해보고 다시 얘기하시죠."

그러나 같은 이유로 생계를 꾸려나가기가 지금보다 어려워질지 모르겠다. 로건은 즐거움과는 별개로 이 같은 트렌드가 부의 불평등을 악화시키고 가속화시킬 것이라고 예상했다.

"우리에게 닥칠 변화의 양상은 쉽게 따라잡기엔 너무 빠른 속도로 진행될 겁니다. 30년 후에는 오늘날 일자리 중 50%가 사라질 거라고 예측하는 사람들도 있죠. 다시 말하면 그만큼 많은 사람들이 새로운 일자리를 찾아야 한다는 것입니다."

이와 더불어 우리가 기술에 융화되면 될수록, 기술이 필요하지 않은 활동, 관계, 공간들은 엘리트만의 전유물이 될 것이라는 예측도 힘을 얻고 있다. 바클리의 전략 담당 국장 카렌 페이스 Karen Faith는 고된 신체노동을 하지 않아도 되는 사람들이 트레이너를 고용해서 일부러 운동을 하는 것과 마찬가지로 미래에는 특권계층만이 기술에서 한 시간, 하루, 혹은 한 주쯤 벗어날 시간과 자유를 위해 돈을 지불할 것이라고 예상했다. 페이스는 이렇게 말했다.

"우리는 감시가 불가능하고, 인터넷을 사용할 수 없는 특별한 회의실에서 회의를 열게 될 겁니다. 온라인에 로그인할 필요도 없고 문자 메시지로만 소통하지 않아도 되는 소중한 우정도 나누게 될 겁니다. 공감하는 소통법을 아는 작가 및 연사들은 큰 성공을 거둘 것입니다. 하지만 일반 대중에게는 이 모든 일들이 닿을 수 없는 먼 세상의 이야기가 되겠죠. 결국 우리에게 필요한 건 더 많은 데이터가 아니라 더 많은 지혜, 통찰력, 명확성입니다."

기술로 인해 뒤집혀버린 이 세상에서 브랜드는 과연 어떻게 대응해야 할까? 충격 속에 휘청거릴 텐가, 아니면 충격을 흡수할 텐가? 비즈니스 운영 방식을 대대적으로 전환할 준비가 되었는가?

붕괴의 시간은 점점 다가오고 있다. 그리고 그 변화된 세상을 적극적으로 수용하는 브랜드는 살아남아 힘을 얻게 될 것이다.

무엇을
기다리고 있는가?

이 책을 읽는 것만으로도, 당신은 Z세대를 이해하기 위한 투자를 한 셈이다. 우리는 Z세대의 짧은 집중력은 무엇 때문이며, 이들은 어떻게 생각하고 행동하는지, 이들이 브랜드에 기대하는 것은 무엇인지 등에 대해 이야기했다. 또한 이 세대의 마음을 얻는 법과, 이들의 마음을 잃는 요인에 대해서도 알아보았다.

이 책으로부터 무엇을 얻을지는 당신에게 달렸다. 하지만 단 한 가지 욕심이 있다면, 우리는 당신이 이 야심차고 스마트한 세대를 깊이 이해할 수 있게 되었기를 바란다. Z세대는 분명 세상을 더 나은 곳으로 만들 것이다. 우리는 그와 같은 변화의 과정을 지켜볼 날을 기다리고 있다.

- **젊은 소비자들은 모든 세대의 소비 지출 및 소비 행동에 영향을 미친다.** 이와 같은 영향력은 소위 '청년기의 통념'을 통해 발현된다. 소셜서클, 자아, 혁신, 신뢰, 목표, 접근성 등 6가지 통념은 산업 지평 전반에 걸쳐 브랜드 성과를 이끄는 요소가 될 것이다.

- **미래는 글로벌 브랜드의 시대가 될 것이다.** Z세대는 이미 세계적인 마인드를 가진 세대이며 이들이 평등, 소통, 기술의 가치를 얼마나 높이 사는지를 고려했을 때, 글로벌 브랜드가 국민 브랜드를 대체할 것이라는 사실은 자명하다.

- **Z세대는 의식 있는 자본주의 브랜드에 가장 큰 관심을 보인다.** 의식 있는 자본주의란 기업의 성과와 전 세계 인류의 삶의 질 향상이 직접적으로 연결되어야 한다는 믿음을 말한다.

- **기술 발전 덕분에 수십 년 뒤면 인간은 우리 삶의 거의 모든 요소에 대해 더 큰 통제력을 갖게 될 것이다.** 오늘날의 브랜드들은 무섭도록 빠르게 진화하는 시장의 기술 발전 속도를 따라잡아야 할 뿐만 아니라, 소비자의 니즈와 기대보다 적어도 한 걸음은 앞서 있어야 한다.

마케터를 위한 사실
: COPPA 준수

우리는 변호사가 아니라 마케터다. 따라서 다음은 법률 조언이 아니라 경고의 메시지임을 미리 밝힌다. 이 책은 Z세대 마케팅에 관한 책이니, 이 세대에서도 가장 어린 축에 속하는 13세 미만의 아이들을 상대로 한 마케팅 가이드라인에 관한 언급을 빼놓을 수 없다.

앞서 언급했듯이, Z세대는 말보다 스마트폰 조작법을 먼저 배운 세대다. 이들에게는 원할 때면 언제든 온라인에 접속해서 정보를 검색할 수 있는, 그 어느 때보다 연결성이 높은 세상이 전부다.

같은 맥락에서, 브랜드가 13세 미만의 어린이를 포함한 특정 소비자 그룹과 직접 소통하는 일이 그 어느 때보다 쉬워졌다.

웹사이트, 모바일 앱, 인터넷 접속이 가능한 게임 기기, 심지어 장난감과 기타 사물인터넷 기기 등을 통해서도 어린이, 10대 초반의 아동, 청소년들과 소통하고 이들의 개인정보를 수집할 기회가 수도 없이 많다. 그리고 이 같은 현상은, 모든 부모가 말하듯,

두려운 일이기도 하다.

이때 'COPPAChildrens Online Pricacy Protection Act, 어린이 온라인 사생활 보호법'가 개입한다. 1998년 미국 의회가 재정하고 미 연방 거래 위원회FTC 가 발효한 COPPA는, 아동들의 온라인 사생활과 안전을 보장하고, 기업들(및 기타 상업적 웹사이트 또는 온라인 서비스, 또는 둘 모두를 운 영하는 운영자들)이 온라인을 통해 수집할 수 있는 아동의 정보 범 위를 부모가 통제할 수 있도록 한 법이다(한국의 경우 '정보통신망 이용촉진 및 정보보호 등에 관한 법률'과 '개인정보 보호법'이 있다).

이름, 사는 곳, 집 주소, 이메일 주소, 온라인상의 이름, 전화번 호, 위치 데이터, 아동의 사진이나 동영상, 목소리를 담은 파일 등 모든 개인정보가 그 통제 대상이다. 이는 현재 모든 시스템에서, 아이들이 자발적으로 개인정보를 제공하려고 한다 하더라도, 부 모의 동의 없이는 정보 제공 자체가 불가능하다는 것을 의미한다.

COPPA 준수 목록에는 명확하고 포괄적인 온라인 개인정보 정책을 눈에 잘 띄는 곳에 게시할 것, 아동의 정보를 수집하기에 앞서 부모에게 그 사실을 직접 알리고, 입증 가능한 형식으로 동 의를 받을 것, 수집한 정보의 비밀 보장, 안전, 온전성을 유지할 것 등이 포함된다.

COPPA가 도입된 이후로 이루어진 엄청난 기술 발전에 따라 위원회 역시 가이드라인을 수정해왔다. 다시 말해 COPPA의 범 위에 소셜미디어와 모바일 기기 역시 포함되었다는 뜻이다. 수정된 가이드라인에 따라 예를 들자면 13세 미만 아동을 마케팅 타깃으로 삼은 브랜드의 경우, 브랜드의 소셜미디어 플랫폼을 웹사이트에 통합하는 행위가 금지된다.

연령 제한 기능을 활용하지 않는 트위터와 같은 소셜네트워크를 타깃으로 삼는 일 역시 현명하지 못한 전략이다. 지나치다 싶을 정도로 언제나 만전을 기하는 게 최선이다.

청소년 고객들을 대상으로 타 브랜드와 경쟁을 할 때도 동일한 규칙이 적용된다. 메인 주, 캘리포니아 주를 비롯한 미국의 여러 주들은 실제로 18세 미만 청소년을 상대로 한 정보 수집에 관한 법률을 보유하고 있다. 그러니 주도권 다툼을 시도하기 전에 관련 법률을 충분히 숙지하도록 하자.

다시 한번 강조하자면, 브랜드의 제도 준수 여부를 확실히 하기 위해 미 연방 거래 위원회 웹사이트www.ftc.gov를 방문하거나 자사의 법률팀과 상담할 것을 권고한다(한국의 경우 www.ftc.go.kr에 방문하자).

규제를 위반한 브랜드에게는 감당하기 어려운 불이익이 주어진다. 심지어 디즈니 같은 거대 브랜드도 예외는 아니다. 디즈니는 2011년에 300만 달러의 합의금을 지불했는데, 이는 COPPA 역사상 가장 큰 벌금이었다.

그러므로 제도를 준수하는 것은 도덕적 책임뿐만 아니라 철저한 비즈니스를 위해서도 마땅히 지켜야 할 일이다.

Z세대는 역사상 가장 강력한 소비자 집단으로 성장할 것이다. 이
미 그들은 힘 있는 소비자의 길에 들어섰다. 이제는 이 젊은 소비
자들의 이상과 기대에 발맞춰, 변화하는 소비 지형에 마케터들이
대비해야 할 시간이 왔다.

바클리와 퓨처캐스트는 떠오르는 소비자 그룹의 성향과 행동
연구 분야에서 미국에서 가장 정보력이 강한 에이전시가 되겠다
는 목표로 2011년 밀레니엄세대에 대한 포괄적인 연구를 통해
그 긴 여정의 첫 발을 내디뎠다.

보스턴 컨설팅 그룹Boston Consulting Group, 서비스 매니지먼트 그
룹Service Management Group과 파트너십을 맺고 진행한 연구는 역대
급 규모를 자랑했고, 연구의 결과물로 〈미국의 밀레니엄세대 : 수
수께끼 같은 세대를 예언하다〉라는 이름의 보고서가 처음 탄생했
다. 이후 우리는 전 세계를 다니며 해당 주제에 대해 이야기하고
수십 건의 보고서를 발표했고 두 권의 책,《밀레니엄세대를 위한

마케팅》과《부모가 된 밀레니엄세대》를 썼다.

이제 우리는 Z세대에게로 관심을 돌렸다. 2017년에 발표한 첫 번째 보고서 〈Z세대 알아가기〉에서 우리는 미래에 가장 큰 영향력을 거머쥘 소비자들에 대한 전망, 가치, 선호도 등 이 책 전반에 걸쳐 다룬 주제들의 개요를 정리했다.

이 모든 노력의 중심에는 하나의 목표가 있었다. 미래에 대비해 브랜드를 현대화하는 데 도움이 될 깊은 통찰력과 실행 가능한 방법들을 발견하는 것이었다.

이토록 중요한 책을 출판하는 여정이 결코 간단하지는 않았다. 이 책은 제프 프롬, 앤지 리드, 그리고 이들이 이끄는 팀의 헌신과 노력이 고스란히 담긴 놀라운 결과물이다. 믿을 수 없는 끈기로 고객뿐 아니라 마케터 및 광고업체들 모두의 니즈를 이해하고 그에 걸맞은 해답을 제시했다.

마지막으로 이 책을 읽어주신 독자께도 감사의 인사를 전한다. 비즈니스와 브랜드의 미래를 준비하는 당신의 여정에 이 책이 가치 있는 통찰력과 정보를 제공할 수 있기를 바란다.

바클리 CEO
제프 킹 Jeff King

옮긴이 임가영

전남대학교 신문방송학과, 서울외국어대학원대학교 통번역대학원을 졸업했다. 현재 전문번역가로 활동하고 있다. 역서로는 《어쨌거나 마이웨이》, 《피니시》, 《높은 창》, 《하버드 비즈니스스쿨 인간관계론 강의》 등이 있다.

최강소비권력
Z세대가 온다

초판 1쇄 인쇄일 2018년 12월 10일
초판 1쇄 발행일 2018년 12월 17일

지은이 제프 프롬, 앤지 리드
옮긴이 임가영
발행인 이승용
주간 이미숙
편집기획부 박지영 양남휘   **디자인팀** 황아영 한혜주
마케팅부 송영우 김태운   **홍보마케팅팀** 조은주 전소현
경영지원팀 이루다 김미소

발행처 |주|홍익출판사
출판등록번호 제1-568호
출판등록 1987년 12월 1일
주소 [04043]서울 마포구 양화로 78-20(서교동 395-163)
대표전화 02-323-0421   **팩스** 02-337-0569
메일 editor@hongikbooks.com
홈페이지 www.hongikbooks.com

제작처 정민문화사

ISBN 978-89-7065-665-6 (03300)

이 도서의 국립중앙도서관 출판예정도서목록(CIP)은
서지정보유통지원시스템 홈페이지(http://seoji.nl.go.kr)와
국가자료공동목록시스템(http://www.nl.go.kr/kolisnet)에서 이용하실 수 있습니다.
(CIP제어번호: CIP2018040167)